全球最美 100 个地方

100 Most Beautiful Places of The World

《图行世界》编辑部　编著

中国旅游出版社

目录 Contents

自然·造化奇观　Chapter ❶

桃源 · 别样人生　Chapter ❷

奇迹 · 文明之光　Chapter ❸

建筑 · 人类史话

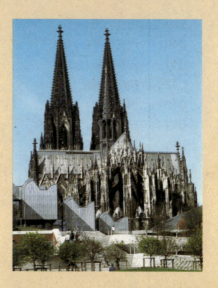

梦幻·小岛海岸　Chapter ⑤

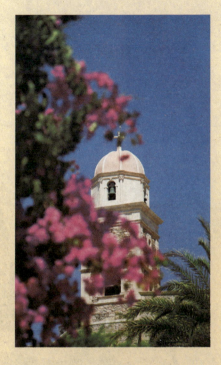

自然 · 造化奇观 Chapter ❶

东非大裂谷、珊瑚礁、科罗拉多大峡谷等地的风光让人不得不感叹上天的造物奇功及自然界的神来之笔。

喜马拉雅山脉 HIMALAYAS 001

最美理由 /
　　在喜马拉雅造山运动的作用下，古地中海地区逐渐隆起，形成了广泛分布在我国西藏、巴基斯坦、印度、尼泊尔和不丹等国境内的世界上最伟大、最年轻的山脉——喜马拉雅。与其他区域的山脉相比，喜马拉雅由众多世界知名的高山组成，其高大、雄伟举世无双。其中，最著名的是世界最高峰珠穆朗玛峰，已经成了探险者的乐园。

最美季节 / 5 ~ 10 月
最美看点 / 珠穆朗玛峰、雅鲁藏布大峡谷、绒布冰川
最美搜索 / 亚洲

喜马拉雅是探险者的天下

在中国的西南国境线上，从古至今矗立着一道天然"长城"——喜马拉雅山脉。2500公里青藏高原南部边缘线上，高山峻岭连绵不绝，与世界其他地方的山脉不同的是，喜马拉雅山脉集中了包括世界最高峰珠穆朗玛峰在内的110座海拔在7300米以上的高山，共同构成了天然屏障。"仁者乐山，智者乐水"，喜马拉雅则是见仁见智的地方。除了世界最磅礴的山脉，这里还蕴藏着南、北极之外最大的淡水储存，黄河、长江、恒河、印度河和湄公河均发源于喜马拉雅。

珠穆朗玛峰

珠穆朗玛峰分北坡和南坡，北坡干燥挺拔，是探险者的天堂，南坡湿润，相对坡度较缓，对攀登技术没有特殊要求，更受普通游客的欢迎。近年来，越来越多的背包客前往尼泊尔北部地区，即珠穆朗玛南坡附近，为的就是在当地导游的带领下，亲自徒步走大小环线，在相对舒服的条件下饱览群山风光。

雅鲁藏布大峡谷

雅鲁藏布江发源于西藏西南部喜马拉雅山北麓的杰马央宗冰川，是世界海拔最高的河流之一。雅鲁藏布大峡谷位于雅鲁藏布江下游，是地球上最深的峡谷，1994年通过科学界综合指标评定，被认定为超过美国科罗拉多大峡谷，成为世界第一大峡谷。雅鲁藏布大峡谷具有从高山冰雪带到低河谷热带雨林等9个垂直自然带，是濒临灭绝的古老物种最后的"伊甸园"，同时，蕴藏着世界上最丰富的水能资源。如今，漂流雅鲁藏布江和徒步世界第一大峡谷已成为探险者最热衷的游戏。

绒布冰川

绒布冰川是珠穆朗玛峰最大的冰川，长2600米，平均厚度120米，最厚处超过300米。冰川之上，冰塔林、冰桥、冰茸、冰塔等光怪陆离，是千姿百态的"冰雕艺术林"，同时，暗藏杀机的冰裂、冰缝也无处不在。同样是因为气候变化，绒布冰川中的冰塔林正逐渐向高海拔地区退缩，冰塔林远不如过去丰满。科学家预测，如果青藏高原地区的气温继续升高，珠峰北坡的冰塔林将会继续融化，美丽的冰塔林将越来越少。

阿尔卑斯山脉 ALPS

002

最美理由 /
　　与喜马拉雅的惊险、难以驯服相比，阿尔卑斯完全没有"欧洲最高峰"的名气带来的压迫感，相反，如果说喜马拉雅是顶天立地的男子汉，阿尔卑斯则更像一位风情万种、富丽妖娆的女子。晶莹的雪峰、浓密的森林，还有山间清澈的流水，无论疗养、度假还是滑雪，阿尔卑斯都是首选之地。

最美季节 / 冬季

最美看点 / 多瑙河、勃朗峰、莱芒湖

最美搜索 / 欧洲

山麓与谷地间零星散落着一些小村镇，环境幽雅，山清水秀

　　阿尔卑斯山脉绵延法国、瑞士、德国、意大利、奥地利和斯洛文尼亚六个国家，其中，法国阿尔卑斯山属于阿尔卑斯山西南端，有的山峰仅高 2000 余米，气候宜人，夏季旅游人数众多。同时，法国阿尔卑斯山更以滑雪设施著称，该地区共有滑雪道 480 公里，占全法国滑雪索道容量的 82%。阿尔卑斯山占瑞士国土总面积的 69%，山上设有现代化旅馆、滑雪坡和登山吊椅等。山麓与谷地间零星散落着一些小村镇，环境幽雅，山清水秀，是滑雪者的世外桃源。

多瑙河

　　多瑙河被称为欧洲母亲河，是世界上干流流经国家最多的河流。从源头所在茂密森林跌宕而出后，多瑙河一路或急或舒，或跨高原，或经平谷，最终流入维也纳盆地。多瑙河

流域两侧分布着里根斯堡、维也纳、布达佩斯等各具特色的欧洲城市，似一颗颗明珠，挂在多瑙河银色的项链上。

勃朗峰

勃朗峰是阿尔卑斯山脉的最高峰，常年白雪皑皑，银装素裹，是登山运动胜地，也是阿尔卑斯山脉最大的观光中心，有架空索道和冬季运动设施供不同级别的游客观光使用，你可以选择在霞慕尼搭乘缆车与勃朗峰拍一张亲密合影，还可以坐蒙坦威尔冰河火车，在群山中呼啸而过，回到冰河世纪。

莱芒湖

秀丽的莱芒湖，又称日内瓦湖，位于瑞士的西南，瑞士与法国隔湖相望。法国著名品牌"依云矿泉水"的生产地依云就在莱芒湖边上。湖东的蒙特勒风光旖旎，是瑞士历史最悠

TIPS

📍 地址 阿尔卑斯山脉是欧洲最高大、最雄伟的山脉。西起法国东南部的尼斯，经瑞士、德国南部、意大利北部，东到维也纳盆地，绵延 1200 公里。

📍 贴士 建议去瑞士旅游的朋友们，不要在铁路线上疲于奔命，苛求探访多少个景点。如果有一天自由时间，建议找一条徒步旅游线路，把自己融入到自然中，在阿尔卑斯山温柔的怀抱中自由放歌，尽情舒展。

久的旅游疗养地。环湖的阿尔卑斯山从湖边垂直升起 2000 米，从晚秋到早春，山上被白雪覆盖，云雾缥缈。欣赏莱芒湖可静可动，喜静者可在酒吧茶室一边小酌一边观赏碧波浩渺的湖面；喜动者可从蒙特勒沿湖滨小道漫步去探访古老城堡，或乘登山火车到观景台，一览湖光山色。

如果说喜马拉雅是顶天立地的男子汉，阿尔卑斯则更像一位风情万种、富丽妖娆的女子

乞力马扎罗山 KILIMANJARO　　003

最美理由 /
因为海明威的小说《乞力马扎罗的雪》，很多人开始知道乞力马扎罗。乞力马扎罗山是非洲最高的山脉，被称为"非洲屋脊""赤道雪峰"。乞力马扎罗的神奇之处在于，它距离赤道仅 300 多公里，顶部却终年满布冰雪。攀登乞力马扎罗山过程中，可以体会到从热带雨林到冰河世纪不同的风光与物种。而因为气候变化的原因，乞力马扎罗的雪冠正濒临消失。

最美季节 / 12 月~次年 1 月

最美看点 / 乞力马扎罗山国家公园、莫希镇、肯尼亚山国家公园

最美搜索 / 非洲

乞力马扎罗山国家公园内生活着众多大型哺乳动物

　　乞力马扎罗山顶有一个 10 多公里长的马鞍形的山脊，连接着基博和马温兹两座高峰。基博的冰盖沿冰盖边缘残存下来，形成分散的大冰块，使乞力马扎罗山看起来像戴了一顶雪冠。因气候变化影响，近年来，乞力马扎罗山顶的积雪慢慢融化，冰川退缩严重，乞力马扎罗山"雪冠"也面临着消失。气候变暖导致乞力马扎罗山的冰川体积过去 100 年间减少了将近 80%，造成附近居民的饮用水供应减少。联合国的报告中说，乞力马扎罗山的冰盖将在 15 年后完全消失。正因如此，乞力马扎罗多次荣登世界濒临消失的美景排行榜。

乞力马扎罗山国家公园

　　位于坦桑尼亚东北部，邻近肯尼亚。公园建于 1968 年，在海拔 1800 米到乞力马扎罗山之间，面积 756 平方公里，1979 年列入世

界遗产名录。国家公园由林木线以上的山区和穿过山地森林带的 6 个森林走廊组成，这其间栖息着众多大型哺乳动物，其中不少属于濒危或稀有物种。

莫希镇

莫希镇是乞力马扎罗地区最大的城镇，是通往国家公园的要地。不管你从哪个方向来到乞力马扎罗山，不管你选择从哪条线路登顶，都必须先到莫希镇落脚，领取通行证、交费或雇用向导。附近的马兰古酒店是观赏乞力马扎罗雪的最佳观景点。

肯尼亚山国家公园

如果想感受非洲的激情与魅力，一定不能错过肯尼亚山国家公园。在这里，可以看到奔跑的狮子、优雅的长颈鹿、刚学会站立的小豹子在巍峨的乞力马扎罗山脚下自由地张扬生命的光彩。这个公园的树顶酒店非常出名，英国女王伊丽莎白曾在这里上演过公主变女王的故事。

TIPS

📍 **地址** 乞力马扎罗山位于坦桑尼亚乞力马扎罗东北部，邻近肯尼亚，是坦桑尼亚与肯尼亚的分水岭，距离赤道仅 300 多公里。

📍 **贴士** 乞力马扎罗有两条登山线路，一条是"旅游登山"线路，游客在导游和挑夫的协助之下，用 3 天时间登上山顶，体验"一览众山小"的滋味，对游客的体能和技术并无特殊要求；另一条是"登山运动员"线路，沿途悬崖峭壁，十分艰险，只有不到 30% 的人能成功登顶。

攀登乞力马扎罗山过程中，可以体会到从热带雨林到冰河世纪不同的风光与物种

安第斯山脉 ANDES 004

最美理由 /

安第斯山脉是世界上最长的山脉，跨委内瑞拉、哥伦比亚、厄瓜多尔、秘鲁、玻利维亚、智利、阿根廷等国，全长约 8900 公里。雄伟壮观的安第斯山脉是南美洲开发最早的地区，中段山区保留着古代印加帝国的许多文化遗迹。

最美季节 / 冬季

最美看点 / 贝利托莫雷诺冰川、尤耶亚科火山、阿空加瓜山、马丘比丘、库斯科

最美搜索 / 南美洲

雄伟壮观的安第斯山脉是南美洲开发最早的地区

安第斯山脉由很多海拔 6000 米以上的雪山组成，是世界上最壮观的自然景观之一，是登山者的乐园。据英国《卫报》报道，科学家发现，安第斯山脉的冰雪正以惊人的速度融化，15~25 年后整片安第斯山脉的积雪将消失。届时，主要依靠冰山给水的国家——哥伦比亚、秘鲁、智利、委内瑞拉、厄瓜多尔、阿根廷、玻利维亚等国将面临严重缺水，并随之引发一连串的危机。

贝利托莫雷诺冰川

位于安第斯山脉的贝利托莫雷诺冰川是世界上最壮观的冰川，水面上方浮着一堵高

达 70 米的"冰墙",绵延 30 公里,总面积达到 257 平方公里。在这里,旅行者可以呼吸到冰川时代的气息。2004 年 3 月 13 日,冰墙的一侧出现了倒塌,这是 16 年来的第一次崩塌,景观无比壮丽。

尤耶亚科火山

尤耶亚科火山海拔 6723 米,是世界最高的活火山。有人类历史以来曾记录到该火山有 3 次喷发活动,最近一次喷发是在 1877 年。此后 100 多年来,这座火山一直处于休眠状态,迄今没有再活动,也没有发现近期会重新活动的迹象。

阿空加瓜山

阿空加瓜山是安第斯山最高峰,海拔 6959 米,也是世界上最高的死火山。阿空加瓜山四面皆可攀登,北坡攀登较容易,南坡难度较大。登山者通常在印加桥出发,经过奥康内斯溪谷荒山向西攀登。海拔 6500 米处有一个棚屋,是登山者最后的营地。

马丘比丘

位于秘鲁南部,为古印加帝国的古城废墟。古城海拔 2280 米,两侧悬崖峭壁,环绕花岗石城墙的城中有上千座石构建筑,居高临下,形势险峻,被称为印加帝国的"失落之城",氛围神秘而圣洁。古城街道狭窄,整齐有序,宫殿、寺院、作坊、堡垒等一应俱全。建筑多用巨石堆砌而成,没有灰浆等黏合物,

TIPS

地址 安第斯山脉纵贯南美大陆西部,大体上与太平洋岸平行,全长约 8900 公里,一般宽约 300 公里,最宽处约 750 公里,整个山脉平均海拔 3660 米。

贴士 安第斯山脉中部多古城,人文气息浓厚,这是安第斯山脉区别于其他山脉的最大特色,建议安排专门时间前往。

大小石块严丝合缝,连一个刀片都插不进去。1983 年,联合国教科文组织将马丘比丘列入世界遗产名录。

库斯科

这座古城是美洲最古老的城市之一,长期作为印加帝国都城,遍布各种建筑遗迹,古城周围有分布清晰的工业区、农业区和手工业区,可以想见当年的繁华盛景。从库斯科到马丘比丘的线路多次被选为世界十大最美徒步线路。

安第斯山脉人文气息浓厚

落基山脉 ROCKIES　　　　005

最美理由 /

　　落基山脉纵贯加拿大、美国两个国家，在世界几大著名山脉中，落基山脉因集中了众多国家公园而声名远播。落基山地形类型多样，如冰川、瀑布、峡谷、温泉等，千姿百态，不一而足。所以，在不同的国家公园，就可以领略不同地形地貌。北美洲的国家公园大多呼吁公众提升环保意识，人们在游览的同时，可以对大自然有更深的认识。

最美季节 / 一年四季

最美看点 / 加拿大落基山公园群、黄石国家公园、冰河国家公园、落基山国家公园

最美搜索 / 北美洲

落基山地形类型多样，如冰川、瀑布、峡谷、温泉等，千姿百态，不一而足

一部《断臂山》使落基山脉又一次走入人们视野。影片中展现的辽阔草场、巍峨雪山、牛仔风情，在落基山下能轻易找到原型重现。落基山在北美有很高的人气，每逢假日，成群结队的人会到落基山体验各种不同的玩法，包括骑马、健行、泛舟或单车游，不同的交通工具带来不同的视角，也将展现不一样的落基山。与其他山脉相比，落基山更接近于阿尔卑斯，同样与人为善，不因高峻而疏远。不同的是，与身在欧洲的优雅华贵的阿尔卑斯相比，落基山熏染了北美的豪爽大气。

加拿大落基山公园群

加拿大落基山公园群由贾斯珀、班芙、库特内和约霍 4 个国家公园和罗布森山、阿西尼博因山和汉姆伯 3 个省立公园组成，总面积约 2.3122 万平方公里。其中，班芙是加拿大第一个也是最古老的国家公园，当年因发现温泉而出名。班芙最著名的是 Hot Spring 温泉，温泉温度终年保持在 40℃左右。泡在微烫的泉水中，仰望周边的群山树林，一定会让你心旷神怡。

黄石国家公园

黄石国家公园是世界上最原始、最古老

TIPS

地址　落基山脉位于北美大陆西部，包含的各条山脉从艾伯塔省北部和不列颠哥伦比亚省向南延伸，经美国西部至墨西哥边境，全长约 4800 公里。

贴士　北美公路系统发达，交通状况良好，建议可沿落基山脉自驾车旅行。

的国家公园，占地约 9000 公顷，可以看到 3000 多眼间歇泉、喷气孔和温泉。为了保护游人安全及各种自然文化遗产，公园制定了各种规定，最终使保护自然环境本色成为黄石扬名天下的最大特色。

冰河国家公园

过去 200 万年间，无数次冰河消退造成的奇特自然景观。因为冰河的切割，国家公园内有不同规模的淡水湖。也是因为冰河的切割，公园里的山峰常有如金字塔般的棱角。

落基山国家公园

位于美国科罗拉多州的落基山国家公园以高峰和高山公路而著名。公园内有 78 座海拔超过 3658 米的山峰，还有 3713 米的山脊路是美国海拔最高的公路。

与身在欧洲的优雅华贵的阿尔卑斯相比，落基山熏染了北美的豪爽大气

珊瑚礁 CORAL REEFS　　　　　　　　006

最美理由 /
　　如果不是刻意去观察，生活在日常状态的人们很难想象在周围的世界中还存在这么奇幻的自然现象或生物。在南太平洋岛国巴布亚新几内亚，以海平面为界可以区分出两个截然不同的世界。巴布亚新几内亚有"世界上最后的伊甸园"的美誉，相比地面原生态的自然人文景观来说，巴国的海下更像一个光怪陆离的秀场，不过这场秀的主角不是人类，各种色彩也不是光电声设备营造而出，一切只因神奇的珊瑚礁。

最美季节 / 5~11 月
最美看点 / 莫尔兹比港、库土布湖、第二次世界大战遗迹
最美搜索 / 巴布亚新几内亚

巴布亚新几内亚有"世界上最后的伊甸园"的美誉

　　北起菲律宾群岛，南至澳大利亚大堡礁，西起印度尼西亚群岛，东至所罗门群岛，这个区域内集中了世界上最密集的珊瑚礁，而巴布亚新几内亚就位于这个区域的中心位置。在这片区域里，印度尼西亚海岸线最长，本该是珊瑚最集中、最完整的区域，但不幸的是，印度尼西亚 90% 的珊瑚遭到人为破坏。相比而言，巴布亚新几内亚总人口只有 400 万，珊瑚海域 4 万平方公里，没有受到经济型捕鱼的影响及人为破坏。这里的海域多变而富饶，有浅滩、

峭壁、无数的珊瑚礁，更有茂密而未经破坏的原始红树林。到巴布亚新几内亚，一定要潜入海底探访它奇妙的海底景观，这里的海底世界像是一座天然的珊瑚礁博物馆，集中了450多种珊瑚礁。只有当你潜入这片澄净的热带海洋，才可以在碧蓝透明的海水中畅游，与多姿多彩的珊瑚礁来一次亲密接触。

莫尔兹比港

莫尔兹比港是巴布亚新几内亚的首都，也是巴布亚新几内亚国家最大的城市，一边是山，两边是大海，是一个天然的深水港口，渔业资源非常丰富。

库土布湖

库土布湖是新几内亚岛5个国家公园之一，位于南方高地门迪的南部，这里包含了这片高地最美的风景。湖水在海平面之上800米，是高地第二大湖，蝴蝶和极乐鸟非常普遍，你可以选择在湖里游泳，或者拜访附近的居民，都可以感受到和平安详的氛围。

第二次世界大战遗迹

作为资源丰富的天然良港，巴布亚新几内亚在历史上一直是殖民国家的盘中餐。澳大利亚、英国、德国先后占领并统治过巴国，第二次世界大战期间，巴国是盟国的主要基地，曾于1942～1945年间被日本占领，现在岛国上仍保留着"二战"时的潜艇、船只、飞机残骸、烈士陵园等遗迹，烈士陵园中还埋藏着中国军人的遗骨。

TIPS

📍 **地址** 巴布亚新几内亚位于南太平洋西部，由新几内亚岛东半部及附近俾斯麦群岛、布干维尔岛等共约600个大小岛屿组成。

📍 **贴士** 在巴布亚新几内亚，潜水是最地道的玩法。巴国水域的平均水温不等，在珊瑚海边缘海是25℃，在俾斯麦海是29℃。你可以根据自己的身体情况选择海域，不同的海域可以欣赏的珊瑚礁种类和颜色均有差别。

潜入这片澄净的热带海洋，在碧蓝透明的海水中畅游

加拉帕戈斯群岛 GALAPAGOS ISLANDS **007**

最美理由 /

　　加拉帕戈斯群岛上栖息着许多史前动物，一些鸟类、爬行动物和植物在世界其他地方已经难觅芳踪。在深绿色的大海里还能发现许多美丽的海洋动物。长期以来，该群岛一直是厄瓜多尔本国研究机构和自然保护项目，也是外籍科学工作者关注的目标。加岛的出名与尽人皆知的达尔文有密切关系。1835 年，达尔文跟随"小猎犬"号来到这里，花了一个多月的时间收集标本，并最终写成《通过自然选择的物种起源》一书，把生物学带入一个崭新的领域，也使加岛成为生物学爱好者的朝圣之地。自 1959 年以来，达尔文研究所在岛上开展了多项自然保护计划，重点放在保护这些岛屿独特的生态环境上。

最美季节 / 每年 12 中旬～次年 1 月；6~8 月
最美看点 / 伊莎贝拉岛、陆生鬣蜥、象龟
最美搜索 / 南美洲

加拉帕戈斯群岛是一群与世隔绝的孤立岛屿

　　因为独一无二的生物，加拉帕戈斯群岛也成为独一无二的旅游目的地。因为人迹罕至，在岛上漫步很容易邂逅各种罕见的动物，从史前爬虫类动物鬣蜥到南极才有却在赤道附近出现的企鹅，从世界上体形最大的象龟，到与达尔文多次有过往的"达尔文雀"，如果不是看到周围的同伴，恐怕你会怀疑自己穿越时空，回到了远古时代。加拉帕戈斯群岛是世界

上七大潜水胜地之首,吸引了大批自然爱好者及潜水爱好者来这"过瘾"。不过,为了保护群岛的自然环境,每年只允许1万名游客游览,你会不会成为下一个幸运儿呢?

伊莎贝拉岛

位于东太平洋,是厄瓜多尔加拉帕戈斯群岛中最大的岛屿,面积5825平方公里。5个高达1689米的火山口屹立在全岛中央,其中两个仍然活动,岛上生活着不会飞的鸬鹚和企鹅。

陆生鬣蜥

鬣蜥是一种史前爬虫类动物,又称"海鬣蜥"。鬣蜥能潜入海水中捕捉食物,以海草为食,通过发育不完全的蹼足适应海上生活方式。雌鬣蜥必须经长途跋涉到火山口产卵。7种不同的海鬣蜥,每种都有明显的差异,并在不同的岛屿上进化。

TIPS

地址 加拉帕戈斯群岛位于南美洲厄瓜多尔本土以西1000公里的东太平洋赤道上,是一群与世隔绝的孤立岛屿,由13个大的海岛、6个较小的海岛和40多个很小的海岛组成,总面积8000平方公里,相当于夏威夷群岛的一半。

贴士 加岛的旅行方式是7日环岛游,花费至少1000美元。也可乘豪华游艇,不过费用要翻3倍。因为岛上不提供住宿,游客要全程夜宿船上,所以旅行者需适应水上生活。

象龟

加拉帕戈斯象龟是现存体形最大的陆龟。成年象龟身长1.2米,体重达300千克,估计能活200岁。由于加拉帕戈斯群岛中不同岛上的生态环境有明显的差异,不同亚种的象龟形态都不同,这种现象在当年也启发了达尔文对"独立进化"的思考。

科罗拉多大峡谷 COLORADO GRAND CANYON **008**

科罗拉多河是北美洲主要河流，全长 2330 公里，在科罗拉多高原上自由奔腾，切割出 19 条主要峡谷，其中最深、最宽、最长的一条就是科罗拉多大峡谷。大峡谷顶呈桌面形，又称"桌子山"，顶宽 6 ~ 28 公里，最深处 1800 米。大峡谷谷底宽 120 ~ 1000 米，自谷底向上，从几十亿年前的古老花岗岩、片麻岩到近期各个地质时代的岩层阶梯分布，其中，最年轻的火山喷出岩形成时间仅是 1000 年，系列岩层都清晰地以水平层次出露在外。各岩层不仅硬度不同，且色彩各异，在阳光照耀下变幻莫测。岩层中还含有各地质时期代表性的生物化石，被称为"活的地质史教科书"。

最美季节 / 4~10 月

最美看点 / 天生桥、岩拱国家公园、印第安遗址公园、布莱斯国家公园

最美搜索 / 北美洲

科罗拉多大峡谷被称为"活的地质史教科书"

科罗拉多大峡谷起于马布尔峡谷，终端为格兰德瓦什崖，全长 446 公里，是世界上最长的峡谷之一。科罗拉多大峡谷由几十个国家公园相连，其中尤以塞昂国家公园、布莱斯国家公园、岩拱国家公园和纪念谷等最为著名，游览时也应以这些地方为主。

天生桥

天生桥，即天然生成的桥梁，在犹他州

东南部的圣胡安地区，一条深达 760 米的峡谷
上横跨着三座天生桥，其中最大的一座高 68
米，跨度 80 米。在犹他州南部纳瓦霍山西北
科罗拉多河支流的一个偏僻的峡谷之上，屹
立着一座世界最大的天生桥，高出水面 94 米，
跨度 84 米，桥顶厚 13 米，宽 10 米。所有这
些天生桥由鲜艳的橙红色砂岩构成，在蓝天白
云的衬托下，横空出世。

岩拱国家公园

岩拱国家公园位于高原上的莫博镇，这
个公园因天然岩拱集中而得名，园内跨度 1 米
以上的岩拱有 2000 多个，此外，到处散布着
怪异的石柱、石磴群落。岩拱国家公园的面积
只有 200 多平方公里，一向有"家庭公园"之
名，适宜合家同游。

印第安遗址公园

印第安遗址公园位于科罗拉多州境内，
保留了印第安民族留下的崖居遗迹，证明人类
在这里至少生活了 3000 年。崖居，是在悬崖
下的大空洞里筑屋而居，少则几间，多则几百
间，一个洞就是一个村落。

布莱斯国家公园

从大峡谷向北到布莱斯国家公园，高原
连续迈上五个大台阶，五个台阶依次取名为巧
克力崖、朱崖、白崖、灰崖、粉崖，它们一层
层上升，露出 30 亿年的彩色沉积层，有"地
质博物馆"之称。

TIPS

📍 **地址** 科罗拉多大峡谷位于美国西部亚利桑那州西
北部的凯巴布高原上，大峡谷全长 446 公
里，平均宽度 16 公里，最大深度 1740 米，
平均谷深 1600 米，总面积 2724 平方公里。

📍 **贴士** 大峡谷适合自驾与徒步结合的旅行方式，大
峡谷分南缘和北缘，从南缘出发下到谷底再
从北缘上去最快要 1 个星期的时间。

大峡谷顶呈桌面形，又称"桌子山"

东非大裂谷 EAST AFRICAN RIFT VALLEY   **009**

最美理由 /
    东非大裂谷是纵贯东部非洲的地理奇观，据说由于约 3000 万年前的地壳板块运动使非洲东部地层断裂而形成，是世界上最大的断层陷落带，场面宏大震撼，犹如一道巨大的疤痕嵌入东非的肌理，被誉为"地球脸上最美丽的疤痕"。

最美季节 / 春季和秋季

最美看点 / 肯尼亚山、坦噶尼喀湖、塞伦盖蒂大草原、马萨伊人

最美搜索 / 非洲

东非大裂谷犹如一道巨大的疤痕嵌入东非的肌理，被誉为"地球脸上最美丽的疤痕"

东非大裂谷的裂谷带宽度较大，裂谷两侧是陡峭的断崖，谷底较平坦。谷底与断崖顶部的高差从几百米到 2000 米不等。裂谷带两侧的高原上分布着火山和湖泊，著名的火山有乞力马扎罗山、肯尼亚山、尼拉贡戈火山等，湖泊呈串珠状，约 30 个，其中坦噶尼喀湖南北长 670 公里，东西宽 40~80 公里，是世界上最狭长的湖泊，平均水深达 1130 米，仅次于北亚的贝加尔湖，是世界第二深湖。

肯尼亚山

肯尼亚山位于肯尼亚中部，是东非大裂谷最大的死火山，也是非洲第二高峰。肯尼亚山穿越最炎热的赤道，山顶却常年积雪，还有巨大的冰河，与山脚下一马平川的非洲大草原遥相呼应，一派瑰丽景色。

坦噶尼喀湖

坦噶尼喀湖是世界上最长的淡水湖，也是第二深湖，湖的两岸分别是坦桑尼亚和刚果

（金）两个国家。坦噶尼喀湖周边和湖中的生物种类相当丰富，生物学家甚至认为在这个湖中生活着世界上 80% 的鱼类。

塞伦盖蒂大草原

塞伦盖蒂大草原位于坦桑尼亚西北部，包含几个国家公园和狩猎保留地，面积达 1.5 万平方公里，是世界上大型哺乳动物密度最大的地方。这里是野生动物迁徙的重要通道，每年 10 月，200 万只野生动物开始从肯尼亚一侧的马萨伊马拉旱季草原向南迁徙，来年 4 月，它们又成千上万地迁徙回来。每当这时，一望无际的大草原上，野牛、羚羊、长颈鹿和斑马一起奔腾而过，气势磅礴。

马萨伊人

马萨伊人主要生活在肯尼亚南部和坦桑尼亚北部的草原地带，属于游牧民族，人口大约 90 万，使用马萨伊语。马萨伊人至今生活在严格的部落制度下，成年男子蓄发编成小辫，成年女性则剃光头，男女均穿色彩艳丽的服饰。在肯尼亚，马萨伊人独特的服饰与民族习惯已成为一大旅游看点。

TIPS

📍 **地址** 东非大裂谷位于非洲东部，南起赞比西河口向北经马拉维湖分为东西两支：东支裂谷带沿维多利亚湖东侧，向北经坦桑尼亚、肯尼亚中部，穿过埃塞俄比亚高原入红海，再由红海向西北方向延伸抵约旦谷地，全长近 6000 公里。

📍 **贴士** 东非草原上有雨季和旱季两季，不同季节可以观赏到不同的动物。雨季来临之前，可以观赏著名的角马大迁徙。到了旱季，草地枯黄低矮，正是观赏狮子、猎豹、鬣狗等捕食的好季节。

在东非的大草原上一定要租车玩一把

堪察加半岛 KAMCHATKA PENINSULA 010

最美理由 /

　　堪察加半岛与莫斯科有 9 小时时差，位于东 12 区，号称"全世界最早看到太阳的地方"。岛上共有 160 座火山，其中 19 座是世界自然遗产，海拔 4750 米的克柳切夫火山更是世界上最高的活火山之一。堪察加一直是俄罗斯的军事重地，优越的地理位置使其成为天然的潜艇藏身之所。

最美季节 / 一年四季

最美看点 / 克柳切夫火山、彼得罗巴甫洛夫斯克、白令海、间歇泉

最美搜索 / 亚洲

这里是"全世界最早看到太阳的地方"

因为特殊年代的战略合作关系，大多数中国人对俄罗斯怀有一种特殊的情愫。俄罗斯在中国人的心目中，与那段特殊的战争岁月密不可分。而在俄罗斯人的心中，战争的痕迹永远凝固在了堪察加半岛。作为军事重地，十几年前，这个面积约为 47 万平方公里的巨大半岛不仅禁止外国人进入，就连其他地方的俄罗斯人也不得入内。

克柳切夫火山

克柳切夫火山是亚欧大陆最高的火山，也是世界上最活跃的火山之一，是堪察加半岛最高点。几千年间，它约每 10 年喷发一次，自从 1697 年以来已经喷发了 80 多次。其中最强烈的一次喷发是在 1994 年 10 月。火山每年产生约 6 亿吨火山物质，占地球所有火山喷发物质的 2.5%。

彼得罗巴甫洛夫斯克

位于太平洋边缘的彼得罗巴甫洛夫斯克是堪察加边疆区的行政中心、最大城市。整个城市建在山丘上，四周被火山包围，因此在城市任何角落都不能清楚地看到地平线，又被称作"没有地平线的城市"。堪察加半岛历来是兵家重地，20 世纪"冷战"期间，由于邻近美国阿拉斯加和日本，苏联在这里投入庞大兵力，"闲人免进"的标志牌使堪察加成为一个神秘之地。与俄罗斯别的地方相比，堪察加仍有浓重的"冷战"痕迹。如今，这里仍是俄罗斯东北联合军队集团所在地，更是俄罗斯有名的军人城。

白令海

半岛东临的白令海位于太平洋北端的边海，连接了亚洲和北美洲。白令海是北方海上航路的终点，俄罗斯北极地区和远东、美国、加拿大各港口间的海上线路都经过这里。它还是沟通北冰洋和太平洋的唯一通道。白令海对俄罗斯极为重要，平时它是连接俄罗斯四大海军舰队的最短航行线路，战时它将成为俄罗斯北海舰队与太平洋舰队进行战略支持或配合的必经海区。

间歇泉

岛上的火山凝聚了大量地热资源，从而形成很多喷泉和间歇泉，以克罗斯基自然保护区内为多。喷泉成分各异，有酸性泉、硫黄泉、氨碱泉等。间歇泉中以"巨人泉"最为壮观。

罗斯·格拉希亚雷斯冰川 LOS GLACIARES　011

最美理由 /

　　罗斯·格拉希亚雷斯冰川国家公园总面积达 4459 平方公里，是仅次于南极洲和格陵兰现代大冰川的世界上最大的现代冰川之一，于 1981 年被列入世界遗产目录。世界遗产委员会对它的评价一定能带给你更多想象："冰川国家公园是一个奇特而美丽的自然风景区。有着崎岖高耸的山脉和许多冰湖，其中包括 161

公里长的阿根廷湖。在湖的远端三条冰河汇合处，乳灰色的冰水倾泻而下，像小圆屋顶一样巨大的流冰带着雷鸣般的轰响冲入湖中。"

最美季节 / 冬季
最美看点 / 菲茨罗伊峰、阿根廷湖、公园内的 10 座冰川
最美搜索 / 阿根廷

　　当巨大的吊车把你载到 300 米高处时，巨大的冰川尽收眼底，甚至可以看到冰川内部因承受巨大的压力而出现的微小裂纹。在公园内还可以看到不同类型的冰川：谷地冰川、高山冰川、悬挂冰川、斜面冰川、圆形冰川、合成冰川、多层冰川等，以及大量冰川运动的典型印迹：移动冰块、成串的湖泊、融锥体、冰蘑菇和冰川融水湖；冰井和巨大的冰盆则是水华现象的体现；侧冰碛、中心冰碛、底部冰碛和表层冰碛等形成各种堆积地貌；而卷积云岩石、条纹壁、深狭的山谷则是冰川摩擦的结果。此外，这里还可看到其他一些特殊现象，如由于低温浮游生物的存在造成的红雪，还有层状冰团及褶皱冰团。

菲茨罗伊峰

　　菲茨罗伊峰海拔 3375 米，矗立在阿根廷国家公园北面草原上，跟南面的莫雷诺冰川遥遥相对。独特体验的诱惑吸引着不同国家的探险家们前赴后继。

阿根廷湖

　　阿根廷湖坐落在阿根廷南部圣克鲁斯

TIPS

📍 地址　阿根廷罗斯·格拉希亚雷斯冰川国家公园由多山的湖区组成，位于南纬 49° 以南，阿根廷圣克鲁斯省西南部的边远地区。

📍 贴士　公园管理处提供两条不同的观赏路径。一条路径是通过巨大的吊车把游客载到高达 300 米的高处俯瞰所有冰川；第二条路径朝向冰川前进的方向，从一条绝壁上过去，设了几条人行道，游人可以领略不同部分的美。值得注意的是，因距离冰川太近，这些年有几个游客因崩塌的冰体和它们产生的巨大的气浪致死。

省，是一座冰川湖，面积 1414 平方公里，以著名的冰块堆积景观闻名于世。周围 150 多条冰河的冰流和冰块互相碰撞，彼此依靠着向前移动，最后全部汇入阿根廷湖，组成了洁白玉立的冰山雕塑。

公园内的 10 座冰川

　　罗斯·格拉希亚雷斯冰川国家公园内共有 10 座冰川，依次名为马尔科尼、维埃德马、莫亚诺、乌普撒拉、奥内利、斯佩加西亚、马约、阿梅格西诺、莫雷诺、弗里亚斯。

阿切斯岩拱 ARCHES ROCK ARCH 012

最美理由 /
　　位于盐湖城以南 386 公里处的阿切斯国家公园，由红灰岩侵蚀造就的石塔、石桥、石窗等奇异景观随处可见，细数下来仅拱门就有 2000 座之多，可以说集中了全球最神奇的自然雕塑群。这些自然雕塑是由强大的风力和水力雕刻而成，集中展现了大自然的鬼斧神工。

最美季节 / 一年四季
最美看点 / 魔鬼花园、公园大道、双拱门、平衡岩
最美搜索 / 美国

　　阿切斯岩拱的形成可以追溯到 1.5 亿~ 2 亿年前，巨大的内陆湖旁低沿海平原的沙土被沉积层覆盖，变成岩石。随后，陆地升高、龟裂、侵蚀，直到岩层暴露在大气中。最初，水和风不断地侵蚀暴露的砂岩。后来，岩石被冲刷成窄窄的峡谷和沟壑，彼此之间留下叫作"石墙"的薄壁。再后来，由于受到风霜一再侵袭，一些石墙内部松软的地方不断被寒风带走，最后在石墙上开出了一扇窗。这扇窗开口越来越大，直到形成一座拱门。阿切斯国家公园拥有全世界最大的自然石拱门群，这里的拱门形态各异、色彩缤纷，真正探索自然岩石公园要花上几小时时间。

魔鬼花园

　　这是一片由红色和黄色砂岩组成的杂乱风化区，11 公里长的小路边有八大拱门。其中，风景拱门跨度 93 米，是世界上最大的拱门，在过去 20 年中，巨大的岩石块不时地从这个壮丽的拱门上掉落。喜欢露营的你，可以在魔鬼花园停留一晚，在露营地看星星。

公园大道

　　在这里，红色的恩特拉达砂岩石板或石

TIPS

📍 **地址**　位于科罗拉多高原之巅，从西科罗拉多穿过南部的犹他州、北部的新墨西哥州直到亚利桑那州。这里是美国本土 48 个州中人口密度最低的地区，但却拥有美国最重要的国家公园，遍布超乎想象的丰富自然景观：山脉、峡谷、奔流的大河、巨大的山谷、悬崖、山丘、尖顶、山峰和绵延不绝的沙漠景观。

📍 **贴士**　在阿切斯，游客中心会安排步行和夜间活动、自驾游、徒步旅行、漂流和机动船游、吉普车游、马背骑行以及背包游等不同的旅行方式，选择非常多样。

墙笔直地耸立在周围的彩色沙漠上，就像纽约的摩天大楼一样，因此得名。

双拱门

　　从停车场步行一小段路就能看到双拱门，正如它的名字一样，它有两个壮观的拱门，令人叹为观止。

平衡岩

　　平衡岩是一块高高的岩石上顶着一颗尖尖的小石头，两块石头只有很少的接触面。从表面看来，平衡岩似乎随时会轰然扑倒在脚下的沙漠中，但实际上它们已在这里屹立了数千年。

撒哈拉沙漠 SAHARA DESERT　013

最美理由 /

　　对于中国的旅行者来说，撒哈拉凝结着截然相反的两种情愫。在喜欢探险的人眼里，撒哈拉代表着极限挑战，穿越世界上最大的沙漠，也是地球上最不适合生物生长的荒漠，是属于勇敢者的游戏。而在"三毛迷"的笔下，"无际的黄沙上有寂寞的大风呜咽地吹过，天是高的，地是沉厚雄壮而安静的"。撒哈拉委婉地表达着一种极致的唯美的浪漫，即使物资匮乏，心中有爱，荒芜的尽头依旧可以繁花似锦。

最美季节 / 10 月

最美看点 / 绿洲、岩画、沙鼠

最美搜索 / 非洲

穿越世界上最大的沙漠是属于勇敢者的游戏

　　西撒哈拉、摩洛哥、阿尔及利亚、突尼斯、利比亚、埃及、毛里塔尼亚、马里、尼日尔、乍得和苏丹 11 个国家分布在撒哈拉周边，而在撒哈拉的中心地带，看到的只有满眼黄沙。绿洲在撒哈拉是非常珍贵的，也是生活在沙漠里的人们最后的落脚地。但是，相对于人类而言，自然界生物的生命力却异常旺盛，在沙漠深处生活着许多稀奇古怪的小动物，为了生存，大多数动物的皮肤和沙漠类似，起到保护的作用，不易辨认。撒哈拉沙漠人迹罕至，但也绝非没有人烟，撒哈拉约有 250 万居民，平均每平方公里不到 0.4 人。这些人多数集中在绿洲上生活。

绿洲

撒哈拉沙漠的绿洲渠道纵横、流水淙淙，与周围的沙漠形成鲜明的对比。绿洲上有许多隐藏在棕榈林深处的小村镇，土木结构的民房壁垒结实，顶上用黄土垒平，屋里冬暖夏凉舒适安全，同时也可阻断沙暴的侵袭。当地人就在绿洲交换日用品、聊天，甚至度过大半截人生……

岩画

撒哈拉沙漠的岩壁上有时候可以发现蛇、鱼、飞禽及各类人物像，栩栩如生，各具特色，从这些动物、人物图像可以推想出古代撒哈拉地区的自然面貌。这些岩画如今已经成了

研究撒哈拉的宝贵资料。

沙鼠

沙鼠耐旱，门齿发达，尤其喜欢啃啮植物根系。沙鼠的食草量惊人，据考察，100 只沙鼠的吃草量超过一只羊。沙鼠还喜欢到处打洞，营造规模宏大的地下工程，游客行路时稍不小心就会陷入它们无意间布下的天罗地网。沙鼠破坏植物根系，挖出的沙土掩埋大量的植物，加速草场沙化。

撒哈拉沙漠上的岩画

艾尔斯巨石 AYERS ROCK 014

最美理由 /

艾尔斯巨石东高宽而西低窄，是世界上最大的独块石头，距今已有 4 亿~ 6 亿年历史。巨石在一日之内随光线变化而不断变换色彩，是澳大利亚土著人景仰的圣山，是澳大利亚文明的发祥地。至于艾尔斯巨石的来历，至今科学家仍不能破解，有的说是太空陨石，有的说是浮出水面的深海沉积物，至于到底是何物，留待你自己去猜想或考证。如今，这个千古之谜吊足人们胃口，成为艾尔斯巨石的一大"噱头"。

最美季节 / 5 月、7 月之外的其他月份

最美看点 / 声音谷、洞穴、"袋鼠尾巴"

最美搜索 / 澳大利亚

巨石在一日之内随光线变化而不断变换色彩

艾尔斯巨石底面呈椭圆形，东高宽，西低窄，是世界最大的整体岩石。岩石由砾石组成，含铁量高，表面发生氧化，整体呈红色，因此又被称作红石。艾尔斯巨石能随太阳高度的不同而变色，据说一天之内随着时间的流逝会变换七种颜色，其中，最美的一刻发生在日落时分，夕照使岩石呈现火焰般的橙红色。而在其他时段，艾尔斯巨石的颜色则或深或浅，又被称为"五彩独石山"。在多部澳大利亚宣传片中，都有光线划过艾尔斯巨石的镜头，瞬息万变的色彩在带给人们美的享受的同时，更触发了人类对时间、空间的纵深思考。与此同时，艾尔斯巨石还是历史的见证，考古学家们已经在岩体洞穴内发现了壁画和崖刻，是考证土著人生活条件及行为习惯的重要史料。

声音谷

位于艾尔斯巨石一侧，内壁呈波浪纹，风吹进石谷，可发出奇怪的呼啸声，故此得名。

洞穴

艾尔斯巨石表面并非光板一块，仍存在一些幽暗的洞穴，是土著人进行神圣祭典的殿堂。洞内保存着史前的壁画和崖刻，曲线直线，圈圈点点，虽然年代久远，但保存得非常完好，大多是动物形态的图腾，传达出土著人的原始信仰。因此，艾尔斯巨石也是著名的土著人历史博物馆。

"袋鼠尾巴"

这不是普通的袋鼠尾巴，它足足有 200 多米长，紧紧依附在一座高大的石壁上，乍看上去像是一只袋鼠把身子藏在岩后，只留一条长尾巴招摇过市。其实，"袋鼠尾巴"是石壁的一部分，中下段中空，一直延伸到地面，除了个头稍大，还真与活袋鼠的尾巴别无两样。

TIPS

📍 **地址** 艾尔斯巨石位于澳大利亚中北部的艾利斯斯普林斯西南方向约 340 公里处。

📍 **贴士** 攀登艾尔斯巨石一般人往返需要 1.5～2 个小时，攀登时需带足水并佩戴防滑手套，时间的选择上最好是上午，因为不会太热。岩上风大坡陡，一定要抓牢绳索，防止滑落。

埃特纳火山 MOUNT ETNA　　　　015

最美理由 /

　　埃特纳火山海拔高度 3315 米，是欧洲最大的火山，也是有史记载以来喷发历史最为悠久的火山。喷发史可以追溯到公元前 1500 年，到目前为止已喷发过 200 多次。直到今天，埃特纳火山一直处于活动状态，最近的一次大规模喷发是在 2004 年。因为一直"蓄势待发"，埃特纳火山被意大利政府划为"高度危险区"，但因自然条件非常优越，附近的居民并不舍得离开故土，而大量游客们也慕名来到西西里，争睹活火山的风采。

最美季节 / 春季和秋季

最美看点 / 古罗马皇帝哈德良、卡塔尼亚

最美搜索 / 意大利

在埃特纳火山脚下是西西里最有名的美丽城市卡塔尼亚

埃特纳火山周长 129 公里，主火山口直径 500 米，其主火山口周围还有 200 多个较小的火山锥。因海拔不同，埃特纳火山的植被和生态呈垂直分布。海拔 900 米以下的火山是由火山灰铺成的肥沃土壤，像是铺了一层厚厚的炉渣，这片土地多已被垦殖，随处可见葡萄园、橄榄林、柑橘种植园和栽培樱桃、苹果、榛树的果园。海拔 900~1980 米的地区为森林带，有栗树、山毛榉、栎树、松树、桦树等。海拔 1980 米以上的地区，遍布着火山堆积物，只有稀疏的灌木。站在火山之巅，耳畔是因气体喷发而产生的沉闷声响，脚下是脉搏般微微颤抖的火山，脚底能感觉到火山温热的"体温"，此时的你，才能真正明白"活火山"的含义。

古罗马皇帝哈德良

在意大利文化史上，古典时期以罗马帝国时期的罗马文明为中心，特别是罗马帝国前期。在前期帝国的第三个王朝安东尼王朝中，连续出了五位较好的皇帝，其中的第三位便是哈德良。哈德良酷爱巡游和建筑，在他兴建的众多建筑工程中，有两件被公认为罗马建筑的最高水平之作，一件是罗马城内的万神祠，另一件是罗马郊外的哈德良别墅。相传哈德良登

TIPS

地址 埃特纳火山位于意大利南端、地中海最大的岛屿西西里岛的东北角，距岛首府卡塔尼亚 29 公里。

贴士 参观火山最好远观，在卡塔尼亚挑一家面山的咖啡馆静静坐一个下午，是最好的选择。因为如果距离太近，一阵风吹来，火山喷出的有毒气体就会迅速弥漫开来，硫黄味极重的浓烟会很快包裹山上的一切，使人胸闷、窒息。

埃特纳火山时获得灵感，发现了火山灰的妙用，原来，火山爆发时产生的高温高压可以使火山灰经历类似人工混凝土的反应。把火山灰与沙土混合，干凝后的灰浆和水泥有一样的功效，因此也被称作天然水泥。

卡塔尼亚

在埃特纳火山脚下是西西里最有名的美丽城市卡塔尼亚。巴洛克艺术之城、贝里尼故乡和火山是卡城成名的原因。卡城始建于公元前 729 年的古希腊时期，因地理位置重要，先后被古罗马、拜占庭、阿拉伯和诺曼人占领过，成为多元文化交会之所。2004 年 9 月埃特纳火山喷发，各大媒体配发了埃特纳火山与卡塔尼亚城的灯光交相辉映的图片，令人印象深刻。

瑙鲁霍伊火山 VOLCANO NGAURUHOE　016

最美理由 /
　　在电影《指环王》中有一座"毁灭之山"，是弗罗多和萨姆历尽艰辛想要到达的地方，也就是魔戒的藏身之处。电影中那座乌云笼罩下喷着火光的毁灭之山真实地坐落在新西兰北岛的汤加里罗国家公园里，不同的是，真实的瑙鲁霍伊火山通体黝黑，深邃威严，夕阳下山体橙黄，通透瑰丽，比电影中的"毁灭之山"更加魔幻。

最美季节 / 秋季

最美看点 / 汤加里罗国家公园、鲁阿佩胡火山、汤加里罗火山

最美搜索 / 新西兰

瑙鲁霍伊火山通体黝黑，深邃威严

　　瑙鲁霍伊火山在 2500 年以前才形成，属"火山界"中的"年青一代"。火山口海拔2291 米，呈圆锥形，火山口经常升起一股巨大的白色烟柱，直抵云霄，增加了瑙鲁霍伊的神秘。瑙鲁霍伊与周围的火山喷发的熔岩一起形成了广阔高原，这里雨量充沛，生长着茂密的原始森林。这一带是土著民族毛利人的墓地，部族以外的人不允许进入。毛利人敬畏大自然，主张"自然之宝是永恒的，人间创造之物是会消灭的"，在毛利人眼里，瑙鲁霍伊及附近的火山都是圣地。

汤加里罗国家公园

汤加里罗是一个独具特色的火山公园，位于新西兰北岛中南部，面积 765.4 平方公里。公园里有 15 个火山口，其中包括驰名世界的 3 座活火山，分别是汤加里罗、瑙鲁霍伊、鲁阿佩胡。三座火山一字排开，伸向东北。这里有重峦叠嶂的群山、碧波荡漾的湖泊、频繁的火山活动及由火山岩堆积而成的广阔高原，一派火山园林风光。

鲁阿佩胡火山

鲁阿佩胡火山是新西兰北岛的最高点，海拔 2797 米，山顶终年白雪皑皑。1945 年鲁阿佩胡火山喷发持续了近 1 年，喷出的火山灰和黑色气体最远飘到新西兰首都惠灵顿。

TIPS

📍 **地址**　瑙鲁霍伊火山位于新西兰北岛中南部。

📍 **贴士**　汤加里罗穿越号称是新西兰最好的一日穿越线路，有专门的线路介绍网站，游客信息中心还准备了专门的穿越线路介绍手册，包括地图、海拔图、行程时间预估、景点介绍、推荐装备和安全须知等。其中，一日游穿越线路全长 19.4 公里，全程总爬升约 950 米，全程耗时约 7 小时，沿途有熔岩、火山、平原、硫黄湖、圣湖、地热温泉、高山草甸、原始森林等诱人景色。

汤加里罗火山

汤加里罗火山海拔 1968 米，峰顶宽广，包括北口、南口、中口、西口、红口等一系列火山口。这里有许多间歇泉向空中喷射沸水，还有许多沸腾翻滚的泥塘。

哈莱阿卡拉火山 HALEAKALA　　017

最美理由 /
　　哈莱阿卡拉是一座巨大的休眠火山，山体绵延 90 多公里，像月球的表面，有许多环形山和火山锥，很有异域感。山顶有一个面积为 49.21 平方公里的圆形火山口，从山顶下行 829 米便是哈莱阿卡拉最吸引人的地方，这里可以一览火山灰堆和火山熔岩雕塑，令人惊叹的红黄色调及各种惟妙惟肖的造型，共同构建了美不胜收的山麓风景。

最美季节 / 12 月~次年 4 月
最美看点 / 蜜旋木雀、Kipahulu 峡谷、毛伊岛、哈纳公路
最美搜索 / 夏威夷

巨大的火山口中众多形貌奇特而又神秘的遗迹生动地记录着它烈火熊熊的峥嵘岁月

　　哈莱阿卡拉火山是哈莱阿卡拉国家公园的主要景观，巨大的火山口中众多形貌奇特而又神秘的遗迹生动地记录着它烈火熊熊的峥嵘岁月。与夏威夷的其他岛屿一样，哈莱阿卡拉国家公园里也有一些神奇的动植物，它们或游泳或飞翔或漂流于岩屑之上才来到公园里安营扎寨，因此，这个公园被联合国命名为国际生物圈保护区。攀爬熔岩登上火山口，席地而坐，聆听珍稀鸟儿私语、惊涛拍岸，观日出日落，无论你是初来乍到，还是故地重游，这里都可以置身宁静致远的境界。

蜜旋木雀

蜜旋木雀以独特的黑脸颊而著称，全身毛羽色彩艳丽。蜜旋木雀是由首批来到夏威夷的原始鸟类进化而来，如今，这些原始鸟类至少进化成了 47 个物种。自从 1973 年被发现后，由于栖息地遭到破坏以及一些食肉性动物的引入等原因，蜜旋木雀的数量在不断减少。据野生动物专家统计，2003 年，蜜旋木雀的数量仅剩下 3 只。

Kipahulu 峡谷

峡谷从火山口东顶开始，以绵延的弧线直落千尺，直逼海岸。与哈莱阿卡拉顶峰的沙漠景观不同，峡谷是野生生物保护区，栖息着大量的动物、植物和昆虫，其中很多都是夏威夷所独有。

毛伊岛

毛伊岛是夏威夷第二大岛，有 10 万居民，

是哈莱阿卡拉火山所在地。在所有岛屿之中，毛伊岛是最常发现鲸鱼踪迹的地方，拉海纳市曾经就是著名的捕鲸镇，可乘船外出观鲸，也可在近海游泳、潜水，水上运动项目非常丰富，民风保持得也比较完整。

哈纳公路

是北美洲十大最美驾驶线路之一，全长仅 61.1 公里，有 66 座桥，从海平面一路爬升至 3048 米的高度，弯多而急，很多地方只能经过一辆汽车。路两边基本上是热带雨林景象，经过许多气候带和植被带。

尼亚加拉瀑布 NIAGARA FALLS　　018

最美理由 /

　　雷霆万钧、一泻千里、万马奔腾、气吞如虎，所有这些形容气势的词语用到尼亚加拉身上都显得力道不足，这或许可以又一次反映出人类在自然面前的渺小。尼亚加拉用王者风范号令千军万马，不知疲惫地咆哮在北美壮阔的尼亚加拉河上，如今，你可以通过上天、入地、潜水、坐船等多种方式去接近这位王者，感受真正的自然的力量。

最美季节 / 7 ~ 9 月
最美看点 / 风岩、彩虹桥、"雾中少女"号、瀑布后之旅
最美搜索 / 北美洲

尼亚加拉用王者风范号令千军万马，不知疲惫地咆哮在北美壮阔的尼亚加拉河上

　　发源于伊利湖的尼亚加拉河在美加边境突然垂直跌落 51 米，巨大的水流以银河倾倒之势冲下断崖，形成了气势磅礴的大瀑布。在加拿大境内的尼亚加拉瀑布形似马蹄，又称"马蹄瀑布"，水量最大，浪花和水汽有时可高达 100 米，明媚的阳光下，几条彩虹同时横跨瀑布之上，景象壮观。在美国境内的是亚美利加瀑布，场面稍小，但另有情趣。亚美利加瀑布下密布层叠的岩石，流水冲破岩石切割、阻拦，最后汇成一股力量继续前行，亚美利加瀑布的水流量较小，水流跌在岩石上形成"卷起千堆雪"的效果，场景浪漫。尼亚加拉瀑布夜晚的景致与白天不同，星空之下，巨型聚光灯齐射五彩高光，使瀑布顿时大放光彩，熠熠

生辉。

风岩

站在风岩上就算站在大瀑布脚下，是仰望大瀑布的最好位置，可以看见大瀑布以铺天盖地的磅礴气势飞流直下。

彩虹桥

彩虹桥横跨在瀑布下游的尼亚加拉河上，在桥上步行 5 分钟，就能从美国走到加拿大，同时观赏 3 个瀑布的景观。尼亚加拉瀑布是度蜜月的好地方，拿破仑的兄弟也曾专门从新奥尔良搭乘马车到尼亚加拉瀑布度蜜月，彩虹桥由此有了"蜜月小径"的雅号。

"雾中少女"号

为了让游客充分观赏瀑布，尼亚加拉瀑布配备了 4 艘游船，每艘能载客数百人，其中"雾中少女"号游船最为有名。游船先经过美国瀑布，然后开往加拿大瀑布，在这个过程中，游船穿梭于瀑布激起的千万层水汽中，游客可以真切地感受到瀑布狂泻直下而产生的巨大水汽与浪花。

尼亚加拉大瀑布位于加拿大和美国交界的尼亚加拉河中段

维多利亚瀑布 VICTORIA FALLS 019

最美理由 /

当赞比西河河水充盈时，每秒 7500 立方米的水汹涌冲过维多利亚瀑布。水量如此之大，且下冲力如此之强，以至水花飞溅，彩虹升腾，景象壮观。1989 年维多利亚瀑布被列入世界遗产名录，名录中对瀑布的评价是："这是世界上最壮观的瀑布之一。位于赞比西河上，宽度超过 2 公里，瀑布奔入玄武岩海峡，水雾形成的彩虹远隔 200 公里以外就能看到。"

最美季节 / 9~10 月

最美看点 / 魔鬼池、维多利亚瀑布大饭店、赞比西河

最美搜索 / 非洲

这是世界上最壮观的瀑布之一

维多利亚瀑布分为 5 段，位于最西边的是魔鬼瀑布，魔鬼瀑布气势磅礴，排山倒海，直跌深渊；中间是主瀑布，主瀑布高 122 米、宽约 1800 米，落差约 93 米，流量最大；东侧是马蹄瀑布，因被岩石遮挡呈马蹄状而得名；彩虹瀑布像巨帘一样，因时常看到七色彩虹而得名，在月色明亮的晚上，水汽更会形成奇异的月虹；东瀑布是最东的一段，旱季时只剩陡崖峭壁，雨季才变回挂满千万条素练般的瀑布。

维多利亚瀑布位于南部非洲赞比亚和津巴布韦接壤的地方，在赞比西河上游和中游交界处

📍 **地址** 维多利亚瀑布位于南部非洲赞比亚和津巴布韦接壤的地方，在赞比西河上游和中游交界处。

📍 **贴士** 观赏大瀑布，从卢萨卡出发，可以驾车或乘飞机去。观赏完瀑布，可以到瀑布旁的手工艺村落一游，考察传统的非洲生活，还有津巴布韦六个不同部落的文化和艺术，村落中的手工艺匠利用各种不同的木头，雕刻出美丽的动物，妇女们也编织各种不同尺寸的精致盒子。

亚瀑布的魔鬼池游泳，还会趴在池边，感受瀑布从身下飞流直下的刺激，感受"魔鬼游泳池"的真实含义。

维多利亚瀑布大饭店

瀑布大饭店于 1905 年开业，当时只是一个用木头和铁皮搭盖成的有 16 个房间的建筑。经过这些年的发展，这家旅馆越来越大，也越来越舒适。直到今天，它还保留有英国殖民地的风情。

赞比西河

乘游艇畅游大瀑布上游的赞比西河，可以看到瀑布的轮廓。赞比西河是非洲第四长河，流向从西向东，南岸是津巴布韦，北岸是赞比亚。河面很宽，但水流平缓。河中有小岛，一群群大象快乐地生活在小岛上。

魔鬼池

魔鬼池位于维多利亚瀑布之巅，是天然形成的，每年 9 ~ 10 月水量较少，相对平静，水流不会顺着岩壁流下瀑布，从而形成天然的游泳池。与一般游泳池不同的是，这里可能是世界上最高的游泳池，而且还是户外的。世界各地的勇敢游泳者都会在 9 ~ 10 月到维多利

安赫尔瀑布 ANGEL FALLS　　　020

最美理由 /
安赫尔瀑布落差 979 米，约是尼亚加拉瀑布高度的 18 倍，是世界最高、落差最大的瀑布，可谓 "瀑布中的巨人"。瀑布分为两级，先泻下 807 米，落在一个岩架上，然后再跌落 172 米，落在山脚下一个宽 152 米的大水池内。自然生成的级别为安赫尔增添了一份与其他直降瀑布不同的风韵，它更像一位满腹心事的女子，婉约惆怅。

最美季节 / 4~7 月
最美看点 / 卡奈马国家公园、罗赖马山
最美搜索 / 委内瑞拉

瀑布分为两级自然生成的级别为安赫尔增添了一份与其他直降瀑布不同的风韵

在南美洲神秘的丛林里，有一条满是金子的河流，从圭亚那高原奥扬特普伊山的陡壁凌空泻下，形成了安赫尔瀑布。1935 年为西班牙人卡多纳发现；1937 年美国探险家安赫尔再次进行空中考察。如今，安赫尔瀑布已经扬名天下，却不是一般人能够到达的。因为热带雨林过于茂盛，也不可能直接徒步进入瀑布区。这种难度的天然设置给安赫尔蒙上了神秘的面纱。此外，委内瑞拉是一个盛产美女的国家，有 "美女之国" 之称，于是，去观赏安赫

尔大瀑布这位想象中的美女的同时，还能有另
外一种收获，即真实的美女会让你目不暇接。

卡奈马国家公园

卡奈马国家公园是委内瑞拉最大的自然
保护区，面积 300 万公顷，这里河流交错，飞
瀑争喧，草场开阔，高山壁立，热带雨林一望
无际。除了安赫尔瀑布之外，还有众多的瀑布
群，被誉为"瀑布之乡"。卡奈马有两组最大
最壮观的瀑布群，一组在阿恰，一组在龙里，
阿恰大瀑布群，水量大而急，水流跌落后汇成
一个宽阔的湖泊——卡奈马湖。公园里有美洲
虎、虎猫、树獭、刺豚、负鼠、鳄鱼、大鹰、
鹦鹉等各种各样的珍禽异兽。在卡奈马小镇上
建有旅游营地，几十间椭圆形的，用棕榈叶盖
顶的白墙小屋和凉亭错落有致地坐落在卡奈马
湖畔，掩映在湖边的绿树丛中。

TIPS

◎ **地址** 安赫尔瀑布位于委内瑞拉玻利瓦尔州圭亚那
高原，卡罗尼河支流丘伦河上。

◎ **贴士** 这个地区的热带雨林非常茂密，不可能步行
抵达瀑布的底部。雨季时，河流因多雨而变
深，可乘船进入。在一年的其他时间里，只
能从空中观赏瀑布。

罗赖马山

罗赖马山就是著名的桌状山，位于委内
瑞拉、巴西和圭亚那三国交界处，是在高地形
成的亚马孙地区北侧一个大半圆形的平顶山
群，海拔 2810 米。罗赖马山曾是翼手龙及其
他史前期怪兽的栖身处，1912 年，阿瑟・柯
南道尔爵士所著的小说《失去的世界》，就是
以罗赖马山为背景创作的。

伊瓜苏瀑布 IGUACU FALLS 021

最美理由/

维多利亚、尼亚加拉和伊瓜苏瀑布并称世界三大瀑布，都因界河而成。其中，伊瓜苏瀑布群落比维多利亚多，水量比尼亚加拉大，而且风云变幻，最具诱惑。伊瓜苏国家公园 1984 年被列入世界遗产名录。世界遗产委员会的评价是："伊瓜苏国家公园处于玄武岩地带，高 80 米，直径 2700 米，跨越阿根廷和巴西国界，世界上最壮观的瀑布之一就位于这个地区的中心。许多小瀑布成片排开，层叠而下，激起巨大的水花。周围生长着 200 多种维管束植物的亚热带雨林，是南美洲有代表性的野生动物貘、食蚁动物、吼猴、虎猫、美洲虎和大鳄鱼的快乐家园。"

最美季节/ 1~3 月
最美看点/ 魔鬼喉、圣马丁岛、伊瓜苏国家公园
最美搜索/ 阿根廷、巴西

不同地点的瀑布景象千姿百态

伊瓜苏河沿途集纳了大小河流 30 多条，汇成浩浩荡荡的一条大河奔流千里来到阿根廷和巴西两国边界处，从玄武岩崖壁上陡落到巴拉那河峡谷，在总宽约 4000 米的河面上，河水被断层处的岩石和茂密的树木分隔为 275 股大大小小的瀑布，跌落成平均落差为 72 米的瀑布群。伊瓜苏瀑布与众不同之处在于观赏点多，从不同地点、不同方向、不同高度，看到

的瀑布景象千姿百态。以阿根廷境内为例，观赏瀑布有上下两条游览线路，可在密林中自下而上或自上而下领略每一段瀑布的风情，或宏伟或妩媚，中国传统园林建筑讲究的移步换景在这里是大自然的神来之笔。

魔鬼喉

魔鬼喉位于峡谷顶部，是瀑布的中心，水流最大最猛，100 米落差内 14 条瀑布一起汇集力量，声势浩大。可乘坐窄轨小火车到达魔鬼喉上游，下车后顺着 1 公里的铁桥穿越瀑布，即可欣赏到魔鬼喉白浪翻滚，云蒸霞蔚。

圣马丁岛

在阿根廷境内，面积不大，地势陡峭。岛上人际罕至，是欣赏圣马丁瀑布、Rivadavia 瀑布、Escondidio 瀑布，沐浴瀑布水雾的最佳位置。

伊瓜苏国家公园

森林公园总面积 24 万平方公里，其中巴西拥有 18.5 万平方公里，阿根廷拥有 5.5 万平方公里。巴西的公园从距离大西洋不远的库里蒂巴进入，可以看到瀑布的壮观全貌。阿根廷的公园可近距离观赏瀑布，能欣赏到大瀑布最雄伟的景观"魔鬼喉"，适合探险。从巴西过境到阿根廷，不需要任何手续。

许多小瀑布成片排开，层叠而下，激起巨大的水花

亚马孙雨林 AMAZON　　　　　　　　**022**

最美理由 /
　　被称为"地球之肺"的亚马孙雨林绵延数千公里，横越了 8 个国家，分别是巴西、哥伦比亚、秘鲁、委内瑞拉、厄瓜多尔、玻利维亚、圭亚那及苏里南，包括法属圭亚那。亚马孙总面积的 85% 分布在巴西境内，其面积比整个西欧还大。亚马孙雨林是地球半数动植物的家园，每平方公里可能有超过 7.5 万种树及

15 万高级植物，集中了全世界 1/5 的雀鸟，不愧是全球最大及物种最多的热带雨林。

最美季节 / 一年四季

最美看点 / 阿里亚乌树屋酒店、波落落卡、食人鱼、马瑙斯、黑白水界线

最美搜索 / 南美洲

这里是一个独一无二的世界，无限的可能性是诱使你继续前行的最大动力

　　进入亚马孙，也就意味着你在向这个世界的丰富物种无限靠近。雨林中的木质藤本植物有的粗达 20 ~ 30 厘米，长可达 300 米，沿着树干、枝丫，从一棵树爬到另外一棵树，从树下爬到树顶，又从树顶倒挂下来，交错缠

绕，交织成一道道稠密的网。各种附生植物，如藻类、苔藓、地衣、蕨类及兰科植物又为这道网披上了一层厚厚的绿衣，形成"树上生树""叶上长草"的奇特景致。这里是一个独一无二的世界，抬头树冠避日，低头满眼

苔藓，各种动物的叫声不绝于耳，尽管困难重重，但无限的可能性是诱使你继续前行的最大动力。

阿里亚乌树屋酒店

从马瑙斯乘船沿黑河上行约两个半小时即可到达树屋酒店，起初酒店只是一栋建在高高木桩上的 6 层木质塔楼，1994 年扩建后，变成拥有 8 个木质结构塔楼的更加名副其实的森林旅馆。每栋塔楼的第六层和第七层是豪华套间，最豪华的套间可占据整整一层。除塔楼外，阿里亚乌旅馆还设有 9 套散布于密林中的独立高级客房，每套高级客房里都有多间卧室和游泳池。

波落落卡

波落落卡是指亚马孙河汇出海口时掀起一波波巨浪的景象。

食人鱼

食人鱼身长 20 ~ 40 厘米，牙齿锋利，嗅觉灵敏，嗜血成性，一旦有人或动物被一条食人鱼咬出血，成千上万条食人鱼就会扑过来抢食。据说它们袭击牛、马要用 15 分钟，吃人仅需 5 分钟。

马瑙斯

马瑙斯既是一座新兴的工业城市，又是一处著名的旅游胜地。由于邻近赤道，气候炎热，雨量充沛，草木葱茏，一片绿色，又被称为"热带雨林中的空中花园"。

黑白水界线

所谓"白水"指的是亚马孙主流河水，其颜色是浅黄，而黑水就是黑河水。在黑水河汇入亚马孙的入口处，两股水流颜色分明，成为一道独特的景观。

TIPS

◉ **地址**　亚马孙位于南美北部亚马孙河及其支流流域。

◉ **贴士**　旅游旺季是 12 月~次年 2 月，但旅费会暴涨，其实亚马孙一年四季皆风景，只要想去，随时可以行动。

其实亚马孙一年四季皆风景

昆士兰雨林 RAIN FOREST, QUEENSLAND .023

最美理由 /
　　在澳大利亚昆士兰州的大分水岭以东，沿库克敦往南，经昆士兰州首府布里斯班到新南威尔士州北部的狭长地带，是一片绿色乐土，在植物学上被称为澳大利亚东北部植物亚区，这就是昆士兰的热带雨林。雨林总面积达 8979 平方公里，至少有上亿年的历史，

这里生活着许多濒临绝种的动植物，是地球上最古老的雨林区，也是地球生态进化史的"活字典"。

最美季节 / 一年四季
最美看点 / 巴伦峡谷国家公园、伊加拉热带雨林国家公园、雨林漂流、Skyrail 雨林索道、Kuranda 风景铁路
最美搜索 / 澳大利亚

这里生活着许多濒临绝种的动植物，是地球上最古老的雨林区

昆士兰的湿热地带是少有的几个能够全部满足世界自然遗产名录四个条件的地区之一，它展现了地球上生物进化历史过程的主要阶段，有差不多 30 种雨林群落在这里出现，红树林的种类也有着许多变化。与亚马孙不同，昆士兰的热带雨林比较低矮，林木树丛并不高大，最高的大树也未超过 50 米，树下也不长蕨类植物，树林比较稀疏，所以进到雨林中没有古树参天、遮天蔽日的感觉，也没有热带雨林中特有的"绞杀现象"，在这里还能乘坐 20 世纪二三十年代的水陆两用汽车直接进入雨林深处。

巴伦峡谷国家公园

巴伦峡谷国家公园在凯恩斯东北 15 公里处，这里的河流从 250 米高的山上飞泻而下，形成著名的巴伦瀑布。

伊加拉热带雨林国家公园

位于麦基的伊加拉热带雨林国家公园以天然的清泉、岩石和瀑布而著名。同时，这个公园内也有不少野生动物，包括袋鼠和一些珍贵罕见的鸟类。

雨林漂流

漂流地点在北昆士兰，穿越雨林和壮丽的北昆士兰巴伦河及杜利河，在长达 5 小时的漂流过程中，要越过 45 个滩险，你会充分感受到什么叫惊险刺激。

Skyrail 雨林索道

Skyrail 雨林索道长 7.5 公里，可以在舒适的六人敞篷车厢中欣赏到精彩迭出的雨林景色。在红峰火车站，导游会与游客分享环保知识，并回答客人的提问，在巴伦瀑布站，设有

专门的雨林翻译中心，翻译中心设有多种语言触摸屏电脑和互动视听节目，提供翔实而有趣的学习体验。单程 Skyrail 大约需要 90 分钟，来回需要两个半小时。

Kuranda 风景铁路

风景铁路是一种省力又浪漫的旅行方式，在昆士兰雨林中，一条铁路线，将不同的风景串联在一起，包括无与伦比的美丽雨林、陡峭的深谷和巴伦峡谷国家公园。

与亚马孙不同，昆士兰的热带雨林比较低矮，林木树丛并不高大

美国大平原 THE U.S. GREAT PLAINS 　　024

最美理由 /
　　美国大平原面积 130 万平方公里，约占美国本土面积的 1/5，整体来看，包括美国的 10 个州和加拿大马尼托巴、萨斯喀彻温和艾伯塔 3 个草原省以及西北部地区。位于北美内陆核心地带的大草原是农业地区，历史上是原住民居住区，至今仍有多个印第安保留区，这里，深深地扎着北美大陆的根脉。

最美季节 / 秋季

最美看点 / 大峡谷国家公园、黄石国家公园、80 号高速公路

最美搜索 / 美国

这里无疑是美国粮食出口的基地

　　从地质构造来看，大平原相当完整，从西向东缓慢倾斜，大约每公里仅下降 2 米。大平原基本上仍是一个农业地区，生活在这里的人们种植小麦、棉花和高粱，放牧牛羊，一派田园牧歌。美国的小麦带、玉米带主要都位于大平原上，这里无疑是美国粮食出口的基地，美国人形象地称呼这里为"面包篮"。就像发展中国家的农业区普遍面临的问题一样，美国

大平原也曾因过度开垦造成大平原上的天然植被类型不稳定，灾害频发。这一现象引起多方关注，并采取治理手段，大平原的命脉得以继续。

大峡谷国家公园

科罗拉多大峡谷起于马布尔峡谷，终端为格兰德瓦什崖，全长 446 公里，是世界上最长的峡谷之一。科罗拉多大峡谷由几十个国家公园相连，其中尤以塞昂国家公园、布莱斯国家公园、岩拱国家公园和纪念谷等最为著名。

黄石国家公园

在大平原中部，挺立着世界上最古老的国家公园——黄石公园，黄石拥有比世界上其他所有地方都多的间歇泉和温泉、彩色的峡谷、化石森林及黄石湖。

80 号高速公路

美国的交通设施发达，公路网络四通八达。多条州际公路将美国各州连接起来，其

TIPS

📍 **地址** 大平原位于密西西比河以西、落基山脉以东、格兰德河以北，总面积约 130 万平方公里，地跨美国和加拿大两国。

📍 **贴士** 在大平原最好的旅行方式无疑是好好利用 80 号公路，可租车旅行，但需车技过硬，且熟悉美国驾驶规则，虽然大平原地广人稀，但还是应以安全为重。不推荐搭车旅行的方式，一方面搭车旅行对语言有要求，另一方面也有碰运气的成分，除非你非常熟悉美国国情，否则不要选择这种冒险方式。

中，80 号公路是欣赏大平原风光的最佳线路。可选择从旧金山出发，沿着 80 号高速公路北上，沿途经过全球最深的天然静水湖、电影《教父》外景地太浩湖、全世界最小的城市里诺、盐湖城、美国"最秀丽的国家公园"大提顿国家公园，大平原、黄石公园等地，一路上与辽阔的草原、奔驰的牛羊为伴，能充分体会到美国牛仔的豪爽与洒脱。

棉花堡 COTTON CASTLE 025

最美理由 /
　　棉花堡在 2000 多年前便已经成为古罗马时代的泡汤中心，温泉从地底涌出，从丘陵沿边缘泻下，所过之处经历 1.4 万年的钙华沉淀，形成层层叠叠的半圆形白色天然阶梯，远看像一片片棉花，故得名 "棉花堡"。每一片棉花就是一个温泉池，温泉平均温度 36℃，4 个泉眼的流量达到了每秒 25 升，共同组成一个复杂的系统，向西北方向延伸 70 公里，直到阿拉谢希尔。

最美季节 / 4~10 月
最美看点 / 康格尔鱼儿温泉、以弗所古城遗址、Sacred 温泉池、哥乐美
最美搜索 / 土耳其

凡进入棉花堡的游客必须赤脚

　　把自己想象成古罗马的贵族，站在棉花堡深浅不一的泉水里，让温暖的泉水漫过脚掌或腰部，相信这是一个没有人愿意醒来的梦境。据科学鉴定，棉花堡泉水富含钙、镁等矿物质，对于心脏病患者以及妇科、动脉硬化、高血压、消化不良、神经衰弱、皮肤病和风湿性关节炎等疾病具有特别疗效。

康格尔鱼儿温泉

　　康格尔鱼儿温泉在土耳其的中心地带安纳托利亚，是 "全球第一" 的独特鱼疗温泉。它有 5 个不同的源头，鱼从源头直接游进两个大池塘。当你把脚伸到水中，一群身长仅 2 厘米左右的小黑鱼会立刻围上来，在脚上、小腿上像啄木鸟一样叩个不停，让你觉得浑身极其

舒坦。这些小鱼儿在温泉中扮演着吸走皮肤细菌的角色，具有健美皮肤的功效。

以弗所古城遗址

以弗所古城遗址建于公元前 7 世纪，曾经被利底亚人、波斯人统治，亚历山大征服后成为古罗马帝国在亚洲的首府，兴建了剧场、赛马场和竞技场，是土耳其目前保存最好也是最大的露天遗址。相传圣母马利亚就是在以弗所旁的夜莺山安度的晚年。以弗所古城遗址呈西北—东南走向，总长约 2 公里，主要残留建筑有石柱甬道、阿耳忒弥斯雕像、罗马皇帝多米申祭坛、古希腊哲学家苏格拉底壁画、基督一性论学派领袖狄奥多西浮雕、哈德良皇帝庙、圣约翰教堂、图书馆、剧场、浴室等。

Sacred 温泉池

Sacred 据说是棉花堡的源头，周围绿树环绕，池中的水呈祖母绿色，可以清楚地看到池底散落的古罗马石柱、石礅及石像，可能是人们都想在千年历史的古代温泉池中泡一泡，这里的游客比棉花堡的还多。

哥乐美

哥乐美坐落土耳其中部高原的"奇石区"，遍布嶙峋怪石。数百年前，一些基督教传教士为了逃避入侵的伊斯兰教徒，在这里借助天然屏障建成一些地下城和信道，这些信道保存至今。哥乐美的另一个看点是有很多由天然烟囱洞穴改建而成的旅馆。

形成层层叠叠的半圆形白色天然阶梯，远看像一片片棉花

尼罗河 NILE RIVER

026

最美理由 /
　　尼罗河纵贯非洲大陆东北部，流经布隆迪、卢旺达、坦桑尼亚、乌干达、埃塞俄比亚、苏丹、埃及，跨越世界上面积最大的撒哈拉沙漠，最后注入地中海，流域面积约 335 万平方公里，占非洲大陆面积的 1/9，全长 6650 公里，是世界最长的河流。其中，自南向北纵贯埃及全境 1350 公里，所以也是埃及的母亲河、生命河。

最美季节 / 10 月~次年 3 月

最美看点 / 邮轮、帝王谷、阿斯旺、阿布·辛拜勒神庙

最美搜索 / 非洲

乘坐邮轮沿尼罗河游览埃及，是世界上最浪漫的旅程

　　尼罗河像一条长廊，串联起人类古文明遗迹，各个历史时期的文物古迹在尼罗河两岸比比皆是，雄伟的开罗城、巍峨的金字塔及各种各样的古代庙宇都令人赞叹。尼罗河更为埃及提供了得天独厚的生存和发展条件，并促成了埃及文明的诞生。早在法老时期，埃及就流传着"埃及就是尼罗河""尼罗河是埃及的母亲"的谚语。乘坐法老船在夜间泛舟尼罗河，或租一艘大三角帆船逛逛河中几个小岛都是不错的选择。

　　邮轮

　　一些旅游指南里这样写道："乘坐邮轮沿尼罗河游览埃及，是世界上最浪漫的旅程。"的确，乘坐五星级豪华游轮从阿斯旺到卢克

索，沿途游历尼罗河沿岸《古墓丽影》和法老神殿，或在船上欣赏歌舞，3晚4天的尼罗河邮轮之旅不虚此行。

帝王谷

帝王谷是用于埋葬古埃及新王朝时期十八至二十王朝的法老和贵族的一个山谷，相传始于法老图特摩斯一世，他有感于先人的陵寝大都不免遭受盗墓人的侵害，就把自己的陵墓同殡葬礼堂分开，开创了埃及法老中的先例。

阿斯旺

欣赏尼罗河，最佳地点就是阿斯旺。蓝色的河水、绿色的枣椰林、红色的沙丘、白色的帆船，只有北部非洲才有如此美丽的色块对撞。位于阿斯旺市附近的阿斯旺高坝耗时11年，耗资10亿美元，控制住了尼罗河每年的洪水，保护了居民和农作物，还为埃及提供了大量的电力。

TIPS

◉ **地址** 尼罗河位于非洲东北部。

◉ **贴士** 按埃及官方要求，去阿布·辛拜勒神庙只能在旅店参团，而且要凌晨3点就出发，所以入住旅店前最好谈好去阿布·辛拜勒的价格，一般从50～80埃及镑不等，其中包含了去方尖碑和费莱岛的行程。

阿布·辛拜勒神庙

阿布·辛拜勒神庙之所以引人注目是因为门口有四尊全埃及最大的石像，同时，神庙内部结构经过精心计算，以确保每年2月21日和10月21日的第一缕阳光能穿过深深的殿堂，照在神庙最里面4位神祇的脸上。据说这两天正好是拉美西斯二世的加冕日和诞生日。阿斯旺高坝建成后，为防止阿布·辛拜勒神庙被淹没，现代人把神庙分割后搬到新址，重新组装出一个神庙。

尼罗河促成了埃及文明的诞生

多瑙河 DANUBE 027

最美理由 /
　　斯特劳斯创作的圆舞曲《蓝色多瑙河》使全世界热爱音乐的人们对多瑙河多了期待与神往。多瑙河发源于德国西南部，自西向东流经奥地利、斯洛伐克、匈牙利、克罗地亚、前南斯拉夫、保加利亚、罗马尼亚、乌克兰等 9 个国家后，流入黑海，全长 2860 公里，是欧洲第二大河，也是世界上流经国家最多的一条河流。它像一条蓝色的飘带蜿蜒在欧洲的大地上，穿起欧洲的历史与文化。

最美季节 / 春季
最美看点 / 维也纳、克雷姆斯城、匈牙利大平原、多瑙河游船
最美搜索 / 欧洲

它像一条蓝色的飘带蜿蜒在欧洲的大地上，穿起欧洲的历史与文化

　　尽管多瑙河因《蓝色多瑙河》而著名，但真实的多瑙河却不止蓝色一种颜色，有心人做过统计，多瑙河的河水在一年中要变换 8 种颜色，随颜色同样变换的是多瑙河因流经不同城市而被渲染上不同情调。从河源到"匈牙利门"是多瑙河上游，因为流经音乐之都维也纳，多瑙河在这里多了更多艺术气息和舒缓优雅的姿态。多瑙河中游流经各国的经济中心，重要城市有布拉迪斯发、布达佩斯和贝尔格莱德等，相较上游在情绪上多了一丝严谨。多

瑙河的下游是三角洲，名目繁多的植物、鱼类、鸟类快乐地生活在这个"欧洲最大的地质、生物实验室"里，多瑙河也在一派盎然生机中汇入大海。

维也纳

维也纳是多瑙河的上游，这座具有悠久历史的古老城市，山清水秀，风景绮丽，每年都会举行丰富多彩的音乐节。维也纳的街道、公园、剧院、会议厅等，都是用音乐家的名字命名。因此，维也纳一直享有"世界音乐名城"的盛誉。

克雷姆斯城

克雷姆斯城位于瓦豪的东北端，是下奥地利最古老的城市，城西的石门，建于1480年，是中世纪四大石门之一，是克雷姆斯城的象征。市政厅西面的葡萄酒博物馆，展示了瓦豪地区葡萄酒的酿造史。

匈牙利大平原

位于匈牙利的中央到东部一带的匈牙利

大平原，面积约5万平方公里，北接山岳地带，西临多瑙河，南与南斯拉夫接壤，东边是罗马尼亚的国境。平原上，到处可见成群的牛羊和牧人。

多瑙河游船

奥地利多瑙河游船公司专门为游客开辟了乘船游览瓦豪的线路。行程分为逆流（梅克—克雷姆斯）和顺流（克雷姆斯—梅克）的行程，顺流只要1小时40分钟，逆流则需要2小时40分钟。坐在游船上，可观赏沿岸古色古香的城堡、葡萄园、小镇，有如欣赏一幅幅优美的图画。

密西西比河 MISSISSIPPI 028

最美理由 /
　　位于北美洲的密西西比河，起点在明尼苏达州，终点是墨西哥湾。密西西比河滋润着美国大陆 41% 的土地，水量也比任何其他的美国河流要多，是千万的美国人饮用水的来源。它汇集了 250 多条支流，是世界第四长河，也是北美洲流程最长、流域面积最广、水量最大的河流。

最美季节 / 一年四季
最美看点 / 圣安东尼瀑布、双子城、圣刘易斯拱门、新奥尔良、巴吞鲁日、维克斯堡
最美搜索 / 北美洲

密西西比河滋润着美国大陆 41% 的土地，水量也比任何其他的美国河流要多

　　如果说多瑙河孕育了欧洲文化，密西西比河当之无愧是北美洲的母亲河。密西西比河发源于美国西部偏北的落基山北段的崇山峻岭之中，逶迤千里，曲折蜿蜒，由北向南纵贯美国大平原，把美国分为东西两半，最后注入墨西哥湾，全长 3950 公里。密西西比河也是一条繁忙的河流，它哺育着 400 多种不同的野生动物资源，北美地区 40% 的水禽都沿密西西比河的路径迁徙，同时河上常年都有队列整齐的顶推驳船南来北往。

圣安东尼瀑布

密西西比河在明尼阿波利斯附近，流经 1.2 公里长的峡谷急流带，落差 19.5 米，形成瀑布。

双子城

在密西西比上游坐落着美国中北部最年轻的大城市双子城，是美国重要的轻工业中心之一，又是美国重要的枫树产地。

圣刘易斯拱门

高 192 米的巨大钢构拱门建在密西西比河畔，密西西比河从雄伟壮观的拱门下流过，给城市增添了一抹别致的景色。坐电梯到达拱门顶层，从高处眺望，可将密西西比河两岸美景尽收眼底。

新奥尔良

新奥尔良位于密西西比河三角洲上，是仅次于荷兰鹿特丹港的世界第二大海港，以爵士乐发源地和法国区克里奥文化闻名。

巴吞鲁日

巴吞鲁日位于新奥尔良西北 120 公里处，是重要航运枢纽，同时，也是美国南方重要

TIPS

◎ 地址　密西西比河位于北美洲中南部。
◎ 贴士　密西西比纵贯美国大平原，适合自驾沿河旅行，即可欣赏水上旖旎风光，还可随意在沿岸城市停留，非常方便。

工业城市。市中心的自然科学博物馆和安格洛——美国艺术博物馆，每年吸引国内外游客达 400 万之多。巴吞鲁日同时也是美国南方重要工业城市，石油化工产品仅次于休斯敦，居美国第二位。

维克斯堡

维克斯堡是密西西比河边一个小城市，自驾车沿 20 号州际公路往西开，横穿密西西比州，准备上大桥跨过密西西比河的时候，公路右侧高坡上会出现一座红墙绿瓦的城市，就是维克斯堡。100 多年前，维克斯堡是重要的水陆交通枢纽，又是扼守密西西比河大动脉的军事要塞，具有重要的战略意义，被称为"美国的直布罗陀"。

纳库鲁湖 LAKE NAKURU 029

最美理由 /
　　纳库鲁湖国家公园是为保护禽鸟专门建立的公园，是非洲地区为保护鸟类最早建立的国家公园之一。由于自然条件优越，这里生活着200万只火烈鸟，还栖息着400多种、数百万只珍禽。整个纳库鲁湖国家公园是各式各样鸟类的乐园，每年有许多鸟类学家从世界各地来考察研究，这里也就成为专业级别的"观鸟天堂"。

最美季节 / 一年四季
最美看点 / 火烈鸟、马萨伊马拉禁猎区、察沃国家公园、树顶旅馆、蒙巴萨
最美搜索 / 肯尼亚

整个纳库鲁湖国家公园是各式各样鸟类的乐园

　　在一些摄影师的镜头下，成群的火烈鸟或飞或落，将肯尼亚的水天染成一片浪漫的粉红色。这样震撼视觉的镜头正是出自纳库鲁湖。这里的火烈鸟占世界总数的1/3。除了火烈鸟，还有褐鹰、长冠鹰等食肉鸟，也有滨鹬、矶鹬等候鸟，还有杜鹃、翠鸟、欧椋鸟、太阳鸟等。同时还有多种大型动物，如疣猴、跳兔、无爪水獭、岩狸、河马、豹子、大羚羊、黑斑羚、瞪羚、斑鬣狗、狐狸、野猫、长颈鹿、白犀牛等。

火烈鸟

　　这里的火烈鸟有大、小两种，大的身高

1 米，长 1.4 米，数量较少；小的身高 0.7 米，长 1 米，数量较多。从外貌看，都是长腿、长颈、巨喙，很像白鹤，但全身羽毛呈淡粉红色，两翼两足色调稍深。

马萨伊马拉禁猎区

禁猎区占地 1800 平方公里，著名电视节目《动物世界》多在这里取景。这里是动物最集中的栖息地和最多色彩的大草原，狮子、猎豹、大象、长颈鹿、斑马等野生动物比比皆是，乘坐专用旅游车，你可深入保护区，与动物零距离接触。在这里，人与自然、人与动物都能和谐相处。

察沃国家公园

察沃国家公园成立于 1948 年，分为东、西两部分，总面积 2 万多平方公里，是肯尼亚最大的野生动物保护区。东察沃是一望无际的平坦草原，加拉纳河横穿东察沃，是野生动物的生命之水；西察沃以众多的火山丘和山脉为主，地形更为复杂多变，火山泉缔造了一个个生长着棕榈树的湿地，吸引着大批的水鸟和河马，这里有一个水下观察室，可以欣赏河马的"花样游泳"和鳄鱼潜伏。

TIPS

🌐 **地址**　纳库鲁湖国家公园位于肯尼亚首都内罗毕以北 155 公里处。

🌐 **贴士**　一般人会认为赤道非常炎热，这对肯尼亚来说是误解。肯尼亚是赤道线上的高原，平均海拔 1000 米以上，十分凉爽，平时要穿长衣长裤，早晚还要加一件风衣御寒。请带足衣服。

树顶旅馆

因英国女王伊丽莎白二世曾在此住过而出名。建筑底层高高吊空，上面有三层，各层设有客房，两头有观景走廊，顶层有宽阔的观景平台。

蒙巴萨

蒙巴萨位于肯尼亚东南部，东邻印度洋，是肯尼亚最大的港口城市。市区的一条大街上，有两座并排交错的大象牙雕刻，来往车辆、行人穿行其间，是该市标志性建筑。受阿拉伯、印度、葡萄牙、英国各种文化的影响，蒙巴萨具有独特的文化韵味。

岩塔沙漠 PINNACLES DESERT　　030

最美理由 /
　　岩塔沙漠的神奇之处在于与别的沙漠的一马平川或沙丘起伏不同，这片沙漠遍布的是突兀的岩石，岩石之间没有任何粘连，都是茕茕孑立。有人形容这里是"地球最后的墓地"，相信初来乍到的人会深有同感，还有什么比从高楼林立的城市一下子进入满目诡异的"异度空间"来得更震惊和刺激呢？当然，如果你是一个突然失去灵感的科幻作家，岩塔沙漠绝对是一个"乌托邦"，是你的灵感源泉。

最美季节 / 8~10 月

最美看点 / 珀斯、楠邦国家公园、沙克湾、波浪岩、费里曼图监狱

最美搜索 / 澳大利亚

这片沙漠遍布的是突兀的岩石，岩石之间没有任何粘连，都是茕茕孑立

　　在 4 平方公里的沙漠中，耸立着成千上万的岩塔，岩塔的平均高度在 3 米左右，奇形怪状。这些岩塔是几万年前由海洋软体动物的骨骸垒叠而成，腐蚀质在外界作用下集结成水泥状，日渐坚硬，最终成为今天的形状。最为神奇的是，这片岩塔不是一直耸立在那里，历史上很多名人曾经走过那片沙漠，却没有留下关于岩塔的只言片语，研究发现，沙漠上风吹沙移，是岩塔神秘外表下的真实原理，但人们更愿意相信，这种忽隐忽现，与冥冥之中的某种安排有关。

珀斯

　　西澳大利亚州首府，以众多美术馆、博物馆、主题公园及种类繁多的野生动植物而闻

名，这里阳光、清爽，活动项目丰富，是理想的度假胜地。

楠邦国家公园

岩塔沙漠所在地，游人之所以对这个公园感兴趣，都是因为这片神奇的沙漠。

沙克湾

印度洋海湾的一段，位于澳大利亚西海岸，又称"鲨鱼湾"，这里海洋生物丰富，有很多稀世特有的生物，对于研究地球发展史具有重要价值。沙克湾面积大约 230 万公顷，因为拥有显著的天然特征而被列为世界遗产，是研究地球的进化史、生态学和生物学进程，超自然现象及对多种生物的正常保护的天然教材。

波浪岩

耸立在西澳大利亚州中部的沙漠里，是

TIPS

📍 **地址**　岩塔沙漠位于澳大利亚西部的西澳大利亚州首府珀斯以北约250公里处。

📍 **贴士**　沙漠里容易迷路，一定带好地图、指南针，最好找当地向导带路。

澳大利亚知名的观光景点，距离西澳首府珀斯 350 公里。波浪岩高 15 米，长约 110 米，自然形成的高低起伏，就像一片席卷而来的大海中的波涛巨浪，相当壮观。

费里曼图监狱

占地 14 公顷，是西澳最古老、使用时间最久的监狱。1850 ~ 1860 年的 10 年间，英国政府为了在西澳铺路架桥，修建港口码头及其他公共设施，千里迢迢地将犯人从英国押送到这里，从事廉价和繁重的体力劳动。

有人形容这里是"地球最后的墓地"

艾尔湖 LAKE EYRE   **031**

最美理由 /
艾尔湖面积变化很大，从 8030 平方公里到 1.5 万平方公里不等，按照平均面积它是世界第 19 大湖，是澳大利亚最大的湖泊。艾尔湖低于海平面约 11.8 米，是澳大利亚和大洋洲的最低点。艾尔湖最神奇的地方在于它可以像一个幽灵一样时隐时现，据说湖泊完全

被水充满平均每 100 年只有 2 次，一般情况下，艾尔湖只是南澳野外一片干旱的土地。
最美季节 / 冬季
最美看点 / Anna Creek 群山、观光客机、观鲸、费莲达山脉
最美搜索 / 澳大利亚

艾尔湖最神奇的地方在于它可以像一个幽灵一样时隐时现

虽然艾尔湖每百年才会出现 2 次湖水渗透，但当艾尔湖渗满海水时，其盐分高达 4 亿吨，比一般海水的盐分多 10 倍。当这片干旱的土地变成泽国的时候，就成为许多大自然野生动物，如澳大利亚塘鹅、白海鸥、红颈鹬、高脚鹬及鸥嘴噪鸥等的乐园。这些动物像是得

到指令一样从遥远的北方蜂拥而至，在艾尔湖落脚。不过，艾尔湖上次满湖的时间在 2000 年，按照 100 年 2 次的概率，可能你还有幸目睹本世纪的第二次满湖。艾尔湖干旱的时候，是各种竞速运动的天然竞技场。1964 年，英国人唐纳德·坎贝尔驾驶他的汽车，在艾尔湖

的盐层上创造了一项世界地面车速纪录——最高时速达 715 公里，接近现代客机的航速。

Anna Creek 群山

Anna Creek 群山由大小不同的山峰相连而成，在平原和荒漠间延伸。阳光充沛的时候，山峰会绽放出泥黄、深红及浓度不同的棕色，与白云和蓝天交相辉映。

观光客机

乘搭 Wrightsair 观光客机，可以从有利位置欣赏艾尔湖和 Anna Creek 群山野外景色。飞机上备有耳机，让乘客收听有关当地风景的资料讲解。

观鲸

冬季是到南澳观赏南露脊鲸的最佳时间，过百条身长 18 米、重 80 吨的南露脊鲸会在 5~10 月间在南澳停留。夏天到了，南露脊鲸

TIPS

📍 **地址**　艾尔湖位于南澳大利亚州中部偏东北，皮里港北 400 公里处。

📍 **贴士**　艾尔湖的观光客机是轻型航机，能让游客既安全又舒适地饱览艾尔湖美景，因为座椅有限，如果赶时间，最好通过官方网站预订。

会游回南极。观赏南露脊鲸的最佳地点是在纳拉伯平原的观光平台及艾尔半岛。

费莲达山脉

艾尔湖与附近的费莲达山脉是户外运动爱好者的天堂，不分早晚或寒暑，任何时间都适合到费莲达山脉进行探险，适宜的项目包括徒步、攀岩、登山、踏单车等，此外，发现几种澳大利亚本土的野生动物是这种户外运动的附送奖品。

坎贝尔敦 CAMPBELL TOWN　　　　　　　**032**

最美理由 /
坎贝尔敦位于澳大利亚东南海岸，濒临南印度洋，风景如画，这里的居民生活舒适安逸。同时，坎贝尔敦距离维多利亚州最佳的海岸风景点都很近，距离伦敦断桥、洛克阿德大峡谷、十二门徒岩等只有半小时的路程，所以，到了夏季，这里便成了旅游者歇脚的好选择。

最美季节 / 夏季
最美看点 / 十二门徒、坎贝尔敦国家公园、大洋路、洛克阿德大峡谷、伦敦断桥
最美搜索 / 澳大利亚

传说这是耶稣 12 个门徒的化身，故称"十二门徒"

坎贝尔敦港海岸的悬崖绵亘 32 公里，因为海浪千万年来的冲蚀，坚固的岩石被打磨成不同的造型，形成坎贝尔敦港海面上成群矗立的岩柱。"十二门徒""伦敦断桥""哨兵石""烧炉"及"霹雳洞"等都是这条古老海岸的组成部分。驾车行驶在这条地球上最秀美绮丽的海岸岩石景观大道上，你的想象力会因得到自由而在岩石的缝隙中歌唱。

十二门徒

坎贝尔敦港口外矗立着 12 根巨大岩柱，远看像 12 位公使，传说这是耶稣 12 个门徒的化身，故称"十二门徒"。

坎贝尔敦国家公园

坎贝尔敦国家公园建立于 1964 年，1981 年从最初的 700 公顷面积扩展到现在的 1750 公顷。坎贝尔敦国家公园覆盖的海岸线区域曾

因多次沉船事件而闻名。在坎贝尔敦国家公园内的海岸线上坐落着经过几百万年的风化和海水侵蚀形成的断壁岩石，形态各异，鬼斧神工。

大洋路

大洋路被称为澳大利亚维多利亚州"镇州之宝"，从吉朗市，阿波罗湾及坎贝尔敦，一直到 Warrnambool，全长近 300 公里，是澳大利亚政府为第一次世界大战中牺牲的战士而建的。如果从墨尔本出发，沿海岸线走到终点需时约 4 小时，沿途可见到万籁俱寂的海湾、恬静的绿色雨林，以及沉船遗址。不同风景形成强烈的对比，令人心旷神怡。另一种体验是乘坐大洋路直升飞机观光，聆听导游讲解的历史沧桑，欣赏着无与伦比的巍巍景观，选择着惊心动魄的拍摄良机，这样的观光之旅将是一生的美好回忆。

洛克阿德大峡谷

洛克阿德大峡谷距离十二门徒岩约 2 公里，1878 年 6 月 1 日一艘名为"Loch Ard"的英国移民船在开往墨尔本的途中触礁遇难，52

人死亡，只有 2 人生还。后人为了纪念这些遇难者，修筑了 52 座坟墓，并将这个地方起名为"Loch Ard"。在这里可以近距离观赏峡谷的岩石景观，还能顺着峡谷悬梯下到海边，漫步赏景。

伦敦断桥

因为海浪的侵蚀，由突出海面与陆地连接的岬变成 2 个圆洞，呈双拱形，得名"伦敦桥"。1990 年 1 月 15 日的傍晚时分，与陆地连接的圆洞突然塌落，与大陆脱离形成现在的断桥。

罗托鲁阿 ROTORUA　　　　　　　　**033**

最美理由 /
　　罗托鲁阿是新西兰最著名的旅游胜地之一，号称新西兰的温泉之乡，据说是世界上最有疗效的温泉泥浆浴。无论对皮肤或身体健康都有帮助。除了温泉，这里还有独特的火山地貌、生机勃勃的毛利文化和众多探险活动。罗托鲁阿是新西兰毛利文化的中心地带，保留有 35 座毛利大会堂，是领略毛利精神的最佳场所。

最美季节 / 一年四季
最美看点 / 杭吉、毛利文化村、塔拉乌伊拉火山、罗托玛哈那湖、怀托摩萤火虫洞
最美搜索 / 新西兰

罗托鲁阿是新西兰的温泉之乡

　　在罗托鲁阿旅行一定要抽时间在路边转转，你会发现自己简直就是走进了神仙居所：无论大路边的石板缝下，还是住宅的小花园里，都有白蒸汽徐徐冒出来，淡淡的硫黄味在空气中弥漫开来，湖泊澄清如水晶，炫目的粉红与白硅土台阶地显现出万花筒的颜色，躺在天然矿物温泉池中泡一泡，你将领悟出为什么罗托鲁阿会被称为"太平洋温泉奇境"。在当地人的眼里，罗托鲁阿有 5 种活力，分别是由地底蒸汽感受到的地球能量、毛利人的深厚文化底蕴活力、天然温泉的活力、享受各种户外运动的活力和挑战极限的活力。前三种是罗托鲁阿自有的，后两种则是世界各地的旅行者帮罗托鲁阿发现并使之声名远播的。

杭吉

　　到罗托鲁阿一定要尝尝以毛利传统方式烹饪的"杭吉"。毛利人会在地下挖一个洞，放进热烫的石头，多汁的肉类与蔬菜尽可能放

到洞里较深的位置，然后封好洞口，让食物在洞里慢慢焖熟，形式上有点像苏州有名的"叫化鸡"，不过"杭吉"自有它独特的口味。

毛利文化村

如果想了解原住民毛利人的文化，毛利文化村一定不能错过。感受传统毛利文化，从打招呼开始，按照毛利人的规矩，鼻子碰鼻子代表欢迎。村里有艺廊、雕刻工坊、毛利集会所、毛利村庄、编织工坊等，在这里，可以向毛利艺术大师学习传统的毛利雕刻或编织技艺，品尝用传统方法烹制的现代食物，或者和毛利朋友一起唱歌跳舞。

塔拉乌伊拉火山

塔拉乌伊拉火山是受到那提朗吉提希毛利族保卫的圣山。1886 年 6 月 10 日，塔拉乌伊拉火山大爆发，150 人死于意外，火山爆发形成巨大的洞口，即后来的罗托玛哈那湖。

罗托玛哈那湖

这座湖在一次巨大的火山爆发中产生，湖的面积达 616 平方公里，几乎和新加坡一样大。

怀托摩萤火虫洞

在罗托鲁阿不远处的怀托摩有一处萤火虫洞，是附近萤火虫的大本营，萤火虫的幼虫在这里长大，这种幼虫在尾部发出蓝光，使伸

手不见五指的洞里布满蓝色的小星光，看起来就像银河一样美丽。

毛利文化

塞伦盖蒂草原 SERENGETI　　　034

最美理由 /

位于肯尼亚和坦桑尼亚之间的塞伦盖蒂草原，面积31080平方公里，因定期迁徙的野生动物和保留传统生活习惯的马萨伊族人而闻名。塞伦盖蒂又被称为"永远流动的草原"，每年7、8月份，草原上成千上万的野生动物要举家迁徙，由塞伦盖蒂草原西部迁到北部水草丰美的地方，10月，动物们先是南下准备产崽，然后再折回到草原西部。岁月轮回，日月往复，动物们也年年如此，风雨无阻，它们迁徙的身影成了塞伦盖蒂草原上最美丽的风景线。

最美季节 / 7~8 月

最美看点 / 角马、东非古人类遗址、马萨伊人

最美搜索 / 非洲

在塞伦盖蒂草原可以看到角马和斑马的迁徙

几乎每个中国人都有观影经历的系列片《动物世界》在塞伦盖蒂草原拍了20年。塞伦盖蒂草原是野生动物的乐园，大象、水牛、斑马、河马、羚羊、长颈鹿随处可见，运气好还能看到狮子、秃鹰或鸵鸟。只要算准了时间，守候在动物们迁徙的必经之路上，便能看到铺天盖地的动物队伍，连绵不绝的大队斑马、角马奔驰在草原上，气势磅礴，彰显着无穷的生命力。

角马

角马是体形像牛的野生动物，每年旱季，角马会聚集起来，多的时候达1万头，每天要走48公里，去寻找新鲜草料。在塞伦盖蒂草原，最震撼的是看到百万头角马在一望无际的大草原上纵蹄狂奔，声势浩大，整个草原都跟着颤抖。

东非古人类遗址

遗址中发现了360万年前的约70个古人

类脚印，据说是人类起源于非洲的重要依据之
一。这些大大小小的脚印存留在坚硬的火山灰
岩石上，非常清晰，是直立行走的人类的最早
根据。

马萨伊人

马萨伊人是塞伦盖蒂草原的主人，居住
在用牛粪建成的房子里，穿特色的马萨伊民族
服装，耳廓上挂满各种饰物，连鼻子上也不放
过。马萨伊人被医学家们推崇为"世界上最会
行走的民族"。由于拒绝现代交通工具，马萨
伊人外出全靠两条腿，平均每天行走的路程

TIPS

📍 **地址**　塞伦盖蒂草原位于肯尼亚和坦桑尼亚之间。

📍 **贴士**　塞伦盖蒂草原可在一年内任何时候供游客
游览，但是野生动物大批聚集的时间为 12
月～次年的 6 月，而在 7~10 月这段干燥时
节，动物们则相对不那么密集了。

远超出其他民族。更重要的是，他们行走的姿
势非常独特，走起路来，身体笔直，步幅适
中，独特的步态使全身肌肉都得到锻炼。

马萨伊人被医学家们推崇为"世界上最会行走的民族"

黄石国家公园 YELLOWSTONE NATIONAL PARK **035**

最美理由 /
　　占地约 9000 公顷的黄石国家公园最显著的特征是地质方面的地热现象，这里拥有比世界上任何地方都多的间歇泉、温泉，还有黄石峡谷、化石森林和黄石湖。其中，仅间歇泉、温泉就有 3000 多眼。同时，黄

石国家公园还是美国最大的野生动物庇护所和著名的野生动物园。
最美季节 / 5~9 月
最美看点 / 老实泉、黄石峡谷、黄石湖
最美搜索 / 美国

黄石公园那由火与火锤炼而成的大地原始景观被人们称为"地球表面最精彩、最壮观的美景"

　　黄石公园是世界上第一个国家公园，是一处因地质灾害而成的自然景区，黄石的中心地带就是 100 万年以前的火山爆发时期而形成的一个盆地，现在仍是世界上地震最活跃的区域之一。这个地区是美国最大的野生动物保护区，有 300 多种野生动物（包括 60 多种哺乳动物）、18 种鱼和 225 种鸟。灰熊、美洲狮、灰狼、金鹰、麋鹿、白尾鹿、美洲大角鹿、野牛、羚羊等 2000 多种动物在这里繁衍生息。穿过美洲大陆的分水岭，可以抵达公园北部的温泉地区，石化的树林，炭化的岩石以及无名的小溪流蜿蜒穿过森林，所有的一切都会让您

觉得宛如仙境。

老实泉

老实泉因喷发规律而得名，目前每93分钟喷一次，非常准确。据介绍，50年前，这个喷泉是1小时喷一次，后来在一次地震后，周期变得长了些。规律喷发的原因是老实泉下有火山在活动，泉的地下通道接近热源，通道下的水受热上升，但由于通道狭窄不畅，上面热水被堵塞，而下面热水被汽化为水蒸气，且蒸汽压强越来越大，到一定时候就把上面堵住的水柱冲出地面，形成喷泉。如此重复，每一个过程时间相当准确。

黄石峡谷

峡谷长40公里，深400米，宽500米，如科罗拉多大峡谷一样是北美最著名的峡谷之一。峡谷两边的岩石橙黄中杂以红、绿、紫、白等多种颜色，五彩缤纷。黑曜岩构成的悬崖如镜面般镶嵌在半空中，被阳光照耀时，熠熠闪烁。峡谷中还可见石化森林的景观。

黄石湖

黄石湖是美国最大的高山湖泊，海拔3000米，长32公里，宽21.5公里，湖岸周长180公里。湖水平均深24米，最深处达百米。此湖为喇叭鹄和加拿大鹅等稀有水鸟的栖息所，并为垂钓鳟鱼的佳处。

TIPS

📍 **地址** 位于美国西部北落基山和中落基山之间的熔岩高原上，绝大部分在怀俄明州的西北部。

📍 **贴士** 要想切实了解黄石的真面目，要摒弃舒服的小车或旅游大巴，到原始森林和荒郊野岭中亲自走上一小段。

黄石公园是地热活动的温床

托雷德裴恩国家公园 TORRES DEL PAINE　036

最美理由 /

托雷德裴恩占地面积 2421 平方公里，在托雷德裴恩国家公园里，可以同时欣赏到冰川、湖泊、河流、森林和瀑布，当然，前提条件是你对极端天气有一定抵抗能力，因为托雷德裴恩国家公园地方偏僻，天气瞬息万变。不过，动物们并不介意这样的天气，数百种野生动物在托雷德裴恩国家公园自由自在地生活，这里特有的驼马丝毫不怕人，在它们眼里，人类只是另一种相貌奇特的动物而已。

最美季节 / 1~5 月
最美看点 / 德卫尔彻人、柯尔诺德裴恩和托雷德裴恩、格雷冰川
最美搜索 / 智利

整个公园都笼罩在清凉的蓝色调子里

托雷德裴恩在当地人的语言里是"蓝色"的意思。整个公园都笼罩在清凉的蓝色调子里，大大小小的湖泊，在奇异海藻的作用下，混合出一种异样的蓝。当然，如果你没走到拉哥裴赫湖，你还不能说你已经见过这世界上最美的蓝色。正如美国《国家地理·旅行者》的评论："这种蓝色好像不属于自然界，世上再难找出和它一样蓝的东西，倒像是上帝专门为高山上的这面湖水另外创造了一种蓝色似的。"漫步湖边，各种倒影与湖水自然融为一体，一抹抹深深浅浅的蓝色会让心安静下来，慢慢沉入清澈的湖底。

德卫尔彻人

德卫尔彻是印第安的一个民族，西班牙人入侵后，德卫尔彻整个民族都灭绝了，但他们文化的点滴却长久地保留下来，如托雷德裴恩国家公园名字中的"裴恩"一词就是德卫尔彻人的语言，意思是"蓝色"。

柯尔诺德裴恩和托雷德裴恩

柯尔诺德裴恩和托雷德裴恩是包围着拉哥裴赫湖的两座雪山，对当地人来说，它们不仅仅是普通的山峰。传说这里曾经住着一条邪恶的大毒蛇，它制造了一场大洪水想要灭绝居住在托雷德裴恩的部落，洪水退去后，毒蛇偷去了部落内最强壮的两名勇士的尸体，把他们变成了石头，当地人相信，柯尔诺德裴恩山的

两座并列的山峰就是两位勇士变的。

格雷冰川

格雷冰川是10万年的积雪堆积演变而成，大冰块从冰河崩裂下来，漂浮在格雷湖里，阳光照射下，发出幽蓝的光芒，是一道冷艳的风景。

TIPS

📍 **地址**　托雷德裴恩国家公园位于智利西南部的巴塔哥尼亚高原上，这是阿根廷南部和智利间的一个高原，从里奥科罗拉多一直延伸到麦哲伦海峡，从安第斯山脉一直延伸到大西洋。

📍 **贴士**　除了1～5月相对温暖一点，托雷德裴恩国家公园大多数时候天气寒冷，旅行时需多带件外套。

在托雷德裴恩国家公园内，不仅天空和湖泊是蓝色的，连冰川都带着蓝色

恩戈罗恩戈罗火山 NGORONGORO　　**037**

最美理由 /
　　恩戈罗恩戈罗火山外形与月球火山口极为相似，是世界第二大火山口。恩戈罗恩戈罗火山以前是圆锥形，高度为现在的 2 倍。250 万年前，锥体最后一次爆发，把所有的熔岩都喷发出来，锥体顶部下塌成凹穴，只剩下火山口西北边的圆桌山。恩戈罗恩戈罗有"非洲的伊甸园"之称，大部分恩戈罗恩戈罗的动物长年定居在火山口内。在干旱季节时，火山口内也不缺乏水源。因此，火山口地区野生动物繁多，尤其在旱季时，数量多达 200 多万头。

最美季节 / 6~11 月
最美看点 / 火山口、恩戈罗恩戈罗自然保护区
最美搜索 / 坦桑尼亚

恩戈罗恩戈罗有"非洲的伊甸园"之称

　　可以直接开车到恩戈罗恩戈罗的火山口顶部，有保护区专门开辟的观看火山谷底全景的观景台。从火山顶下到谷底大概有 3000 米，路况不好，但下到谷底后，沿途的颠簸就得到了补偿，谷底就像一个伊甸园，与世隔绝，生态系统自成一体，狮子、大象、白犀牛、河马、火烈鸟、野牛、斑马、角马、羚羊、野猪、鹈鹕、火鸡、疣猴、豺等动物自由自在地奔跑嬉戏，濒于灭绝的白犀牛雕像一样钉在地面上，每当春天来临，成千上万的火烈鸟云集在火山口的咸湖上，百合花、菖兰花、矮牵牛、雏菊、羽扁豆、三叶草竞相开放，万紫千红。

火山口

　　恩戈罗恩戈罗火山口是世界上最完整的火山口，形如镶嵌在东非大裂谷带上的一只"大盆"。巨大的火山口是 250 万年前火山喷发后的遗迹。火山口直径约 18 公里，底部直径约 16 公里，面积达 160 平方公里。沿火山外缘环行，6 座海拔 3000 米以上的山峰拔地而起，高耸入云。在地质学上，由火山爆发或塌陷而成的火山口，称为破火山口。恩戈罗恩

戈罗火山口是边缘保持完整的众多破火山口中最大的一个。

恩戈罗恩戈罗自然保护区

恩戈罗恩戈罗自然保护区很辽阔，占地面积 6475 平方公里。恩戈罗恩戈罗自然保护区群峰环绕、山势险峻，树木茂盛、水源丰富，适合野生动物繁衍生息。保护区的动物主要有羚羊、犀牛、狮子、长颈鹿、大象等。恩戈罗恩戈罗不仅是大型野生动物的天堂，而且也是大量鸟类生活、繁殖、越冬或长途迁徙中停留的重要地区。全年在此栖居的有鸵鸟、鸨、暗棕黑雕和白兀鹫等。

TIPS

📍 **地址**　恩戈罗恩戈罗火山位于坦桑尼亚北部东非大裂谷内。

📍 **贴士**　每年 12 月到来年 4、5 月是恩戈罗恩戈罗的雨季，应避开这段时间旅行。

保护区的动物主要有羚羊、犀牛、狮子、长颈鹿、大象等

南极 ANTARCTIC 038

最美理由 /
　　作为地球上最遥远、最孤独、最高、最冷的大陆，南极洲因它严酷的奇寒、常年不化的冰雪、独特的动物种群和长久以来的拒人千里而著名。不过，因为人类的逼近，这一切正在发生改变。因为与生俱来的征服欲，据统计，已有超过 10 万人到访过南极，随着气候变化议题逐渐升温，正在消融的南极冰川再次吸引全球目光。能否前往南极旅游，成为一个必须面对的话题。

最美季节 / 一年四季
最美看点 / 企鹅、火地岛、国际南极中心、乔治王岛
最美搜索 / 南极冰川

无垠冰川下，埋藏着这个星球上最后的宝藏

　　在能源越来越紧缺的今天，南极是地球上保存矿产、水能等能源最完整的地方。可以说在无垠冰川下，埋藏着这个星球上最后的宝藏。尽管这片地域对于人类来说充满艰难险阻，但在南极大陆的周围，却生活有大量企鹅、海豹、鲸、磷虾、鱼和飞鸟，这些动物世代生活在这片白色的世界里，它们才是这里真正的主人。

企鹅

南极有 7 种企鹅，分别是帝企鹅、阿德利企鹅、金图企鹅（又名巴布亚企鹅）、帽带企鹅（又名南极企鹅）、王企鹅（又名国王企鹅）、喜石企鹅和浮华企鹅。南极企鹅的种类不多，但数量相当可观。据鸟类学家长期观察和估算，南极地区现有企鹅近 1.2 亿只，占世界企鹅总数的 87%，占南极海鸟总数的 90%。数量最多的是阿德利企鹅，约 5000 万只；其次是帽带企鹅，约 300 万只；数量最少的是帝企鹅，约 57 万只。

火地岛

火地岛是南美洲的最南端，号称世界的尽头，距南极最近，隔德雷克海峡与南极半岛相望。在地理上火地岛是长 7245 公里雷安地斯山脉的南端余脉，最早由麦哲伦在航行途中发现，达尔文在麦哲伦 300 年后到火地岛探险。如今，火地岛的原住民已完全消失，替代他们的是来自各地的观光客。

国际南极中心

中心除展示南极探险相关器具、标本、图片，并放映南极的生态影片外，还装置了一个模拟南极冰天雪地的特别室，带游客体验南极的冰雪世界。进入特别室，必须穿御寒衣，鞋子套上防滑鞋套。特别室里有小冰丘，还有

TIPS

📍 **地址** 南极位于地球最南端，它与南美洲最近的距离为 965 公里，距新西兰 2000 公里，距澳大利亚 2500 公里，距南非 3800 公里，距中国北京的距离约有 1.2 万公里。

💡 **贴士** 为应对日益严重的气候变化，除科考外，建议不要为单纯猎奇或探险而去南极旅行。

帐篷，定时吹一阵子－25℃的寒风，那是类似南极大风雪的情景。

乔治王岛

乔治王岛是英属南设得兰群岛中面积最大的岛屿，气温较高，不仅是海鸟、企鹅、海豹等极地动物的聚集地，也是南极地区科学考察站最为密集之地，人称南极的"地球村"。岛上共有 9 个国家分别建有考察站，分别是东欧、亚洲和南美洲的国家。

世界的尽头，充满爱

桃源·别样人生 Chapter ②

　　这里是被阳光深深宠爱的地方，一把椅子，一缕时光，一颗摆脱焦灼的心，在这桃源之地留驻安宁，享受静谧的别样人生。

荷兰 HOLLAND

039

最美理由 /
　　荷兰是风车、郁金香所描绘出的如画美景，令世人神往。荷兰第一大风车景点金德代克风车区将被列入世界遗产名录。库肯霍夫郁金香公园是"欧洲最美丽的春季花园"。荷兰还是世界博物馆密度最大的国家，600 多座博物馆里收集了古代的绘画、玩具、铜线盒、陶器、冰鞋等文物。首都阿姆斯特丹从中世纪的小渔村发展成为欧洲重要的贸易港，游览这里可带

你穿越历史时空，看遍从古典到现代的荷兰，而站在西教堂 85 米的高塔上，可俯瞰阿姆斯特丹城的全景。
最美季节 / 春、夏季
最美看点 / 库肯霍夫郁金香公园、金德代克风车、阿姆斯特丹运河、国立博物馆、考斯特钻石厂、凡·高博物馆
最美搜索 / 荷兰

荷兰被美誉为"欧洲的后花园"、郁金香的世界、风车的王国

库肯霍夫郁金香公园

　　位于荷兰利瑟附近，占地 32 公顷，建于 1840 年。它是全世界规模最大的郁金香公园和球茎花园，有郁金香 100 余种，450 万株，

球茎花卉近千万种，美不胜收。每逢春季，漫步在 15 公里长的步行道上，可以欣赏百万朵竞相开放的鲜花，还有那高大的乔木、如茵的碧草、娴静的水池。每年 3 月 21 日～5 月 20

TIPS

📍 **地址** 位于欧洲的偏北部，与德国、比利时接壤。

📍 **贴士** "荷兰四宝"：风车、木鞋、奶酪、郁金香。

日这里举行郁金香展览。

金德代克风车

位于荷兰东部莱克河河畔的小村，它以其保存完好的 19 座 18 世纪风车而闻名于世。风车景区一条"人"字形堤坝贯穿小村南北，堤坝两侧是修于 14 世纪的两条蓄水渠，水面上芦苇丛生。8 座青黑色砖砌风车房在两岸上一字排开，与蓝天白云一起倒映在水中。18 座风车房目前仍有人居住，供游人参观的风车房建于 1738 年，高约 20 米，下宽上窄，圆柱形，全为木质，看上去稳固结实。房顶是支撑在滑轮上的一个可转动的"盖子"。其一侧伸出一根木轴，上有四扇风车叶片，每扇约长 15 米。房顶另一侧是粗大的木质支架，垂到接近地面处，人们可以通过移动这个支架而转动整个房顶，相应移动风车扇叶的朝向，以便最大限度地利用风力。风车房有五层，仍保持着 18 世纪的陈设。二层和三层空间狭小，几乎转身就能碰到隔板或墙壁，摆着些简单的床和家具。在顶层五楼的小阁楼，能看清整个风车的内部构造。

阿姆斯特丹是一座低于海平面 1~5 米的"水下城市"。城里河网密布，有"北方威尼斯"之称。它是荷兰的首都和最大的城市，许多景点都耐人寻味、美不胜收。

阿姆斯特丹运河

阿姆斯特丹有大小 165 条人工开凿或修整的运河，著名的有皇帝运河、王子运河和绅士运河等。河道上泊有 2000 多家船屋。乘玻璃底船游览，河道两旁是典型的荷兰传统民居建筑。房子正面的窗户都很细长，大型家具物品需从窗户进去，为此房子都设有突出的吊钩。屋顶的山墙上凝聚了大量的装饰物。

国立博物馆

荷兰最大的博物馆，建于 1798 年，是阿姆斯特丹的标志性建筑。它包括五个展馆：绘画、雕刻和装饰艺术、历史文物、版画以及亚洲艺术品。整个馆藏超过 10 万件艺术品，有荷兰黄金时代的绘画作品，包括伦勃朗巅峰时期的所有作品。此外，还有世界各地的珍贵雕塑、陶器、家具、金银及玻璃珍品，可以见到不少中国的珍品文物。

考斯特钻石厂

考斯特钻石厂是世界上最著名的钻石厂。维多利亚女王王冠上的钻石便是在这里切割打磨出来的。荷兰的钻石世界驰名，从 16 世纪以来逐渐发展成世界著名的钻石加工中心。这里有专业人士介绍钻石的加工过程和鉴定方法。并可在附设的商店购买纯正的钻石首饰。

凡·高博物馆

在考斯特钻石厂附近。收藏了凡·高一生各个阶段 200 多件油画和 600 多件素描作品。有著名的《向日葵》《罂粟花》，以及有耳朵的和没有耳朵的自画像等。此外还有印象派大师莫奈、高更的精彩画作。博物馆中还有风格阴暗晦涩的"荷兰画派"代表作油画。

卢瓦尔河谷 LOIRE VALLEY

最美理由 /

法国第一大河卢瓦尔河中游是甜美纯粹的法兰西风情代表。河两岸绿树丛中，掩映着许多中世纪和文艺复兴时期的古堡。拜占庭式、哥特式和文艺复兴式的各种古堡比肩错落，幽深的宅院，斑驳的青苔，皇室的奇闻逸事，是这个法兰西花园独有的魅力。被称为"帝王谷"的卢瓦尔河谷中最著名的古堡有：列入了世界遗产名录、被法国人视为国宝的香波堡；最富

浪漫情调的"水上城堡"舍农索堡；被视为法国人"圆明园"的昂布瓦斯皇家城堡；还有那曾经作为法兰西皇城达一个世纪之久的布卢瓦城堡等。卢瓦尔河谷的自然风光也同样怡人，日落景色最具有法兰西花园特色。

最美季节 / 4 月 ~11 月中旬

最美看点 / 卢瓦尔河谷城堡群

最美搜索 / 法国

河两岸绿树丛中，掩映着许多中世纪和文艺复兴时期的古堡

位于法国中部的卢瓦尔河，全长 1020 公里，它是法国恬静古典的后花园。其最美的中游河谷中聚集了诸多古堡。在某个日落时分，坐在阳台上俯瞰卢瓦尔河风景，远望对面神秘的古堡，细品手中的白葡萄酒，这就是法兰西的悠闲！别样的风景和风情，养育出了巴尔扎克、拉伯雷、普鲁斯特、乔治·桑等闻名世界的作家。

最浪漫的舍农索堡

被誉为"停泊在谢尔河上的船"是因其分跨谢尔河（卢瓦尔河支流）两岸，中间由五孔廊桥相连。城堡的建筑风格是文艺复兴时期的奢华优雅风格，由主堡垒、长廊、平台和圆塔串联而成。河两岸建有两个大花园，精美无比。多位国王的爱妃和贵妇人曾居此，和爱情有关的逸事为古堡增添了情调，徜徉其中，迤逦的法国香颂（歌曲）仿佛在耳边响起。最著名的是亨利二世的爱妾戴安娜和王妃凯瑟琳娜争风吃醋的故事。那些寝室里陈设的家具，是城堡河谷中最富丽豪华的，它们有着繁复的雕花和刻纹，这些细节之处可见女主人对生活的极致追求。整个古堡女性气息浓厚，被法国人称为"妇人堡"，其浪漫情调也被情侣所钟爱，多于此举行婚礼。

最大的城堡香波堡

法国王室狩猎的行宫。城堡的修建极有浪漫色彩：弗朗索瓦一世爱上了这里的一位姑娘而建此堡，这使"香波堡"带着几许香波艳的色彩。城堡是中世纪典型的古堡格局，结合了法国传统的建筑艺术，并受到意大利文艺复兴的影响。城堡内有 440 个房间，84 处楼梯，仅烟囱就有 365 个，这么繁复的建筑居然做到了杂乱中不失协调，变化中又有统一，被人称为"香波堡风格"。最有特色的是城堡内的"双舷梯"，这种楼梯有两组独立而又相互交错的栏杆，据说是用来避免王后和国王的情妇相遇的。

昂布瓦斯皇家城堡

建于 15~16 世纪，它曾是众多法王厚爱的御花园。它本是个城堡要塞，弗朗索瓦一世首次把意大利的艺术风格引入。他对这座皇家园林倾注了满腔热情，体现在别样建筑和各种艺术品收藏中。城堡雄伟庞大，阳刚气十足，两座庞大的骑士塔楼成就了它的壮美。花园里种满了地中海植物。从这里还可以俯瞰静静流淌的卢瓦尔河。这座城堡也有多位著名的艺术家居住，达·芬奇死后就安葬于此。

传奇的布卢瓦城堡

这座城堡充满了传奇色彩，它是圣女贞德首次出征的据点。城堡的建筑到处突出法国王室的象征——百合花的形象，其建筑各翼上都刻有当初建筑该城堡的国王以及王子们的名字。城堡内哥特式的大厅，就是汉斯主教为贞德旗帜赐福的地方。城堡内有贞德的纪念碑。

普罗旺斯 PROVENCE　　041

最美理由 /

　　因电影《屋顶上的轻骑兵》，普罗旺斯成为欧洲的"骑士之城"，被彻底地浪漫化。普罗旺斯从地中海沿岸延伸到内陆的丘陵地区，中间有大河流过，其中点缀着许多美丽城镇。它的天空亘古蔚蓝，阳光永远亮丽。苍凉的古堡、寂寞的峡谷、蜿蜒的山脉、活泼的都会、醉人的薰衣草花海，演绎出法国南部的万种风情。普罗旺斯人那种独特的休闲生活风格，与世无争的人生态度，也让世人惊羡。由于盛产农产品，普罗旺斯的美食更叫味蕾兴奋不已。来这里好好地吸一口薰衣草香，尝一口鲜味芝士，在街边舒适的小店里要一杯咖啡，消磨一段光阴，都是人生难得的境界。

最美季节 / 7~8 月薰衣草盛开，一年四季节日不断，四季咸宜

最美看点 / 米拉波大道、圣苏维尔大教堂、小城阿尔、吕贝隆的山村和薰衣草

最美搜索 / 法国

如今的普罗旺斯已成为浪漫和闲适生活的代名词

　　普罗旺斯境内有大学城艾克斯、因《马赛曲》而闻名的马赛、因《基督山伯爵》而出名的伊芙岛等名城。如今的普罗旺斯已成为浪漫和闲适生活的代名词。

　　法国第一大港、普罗斯旺的首府马赛，被大仲马称为"全世界的汇聚点"。马赛因便利的交通，成为东方货品输入西方世界的重镇，因而沾染了异国元素，成为神秘而复杂的城市。贾尔德圣母院中有许多祈祷航海平安的模型船，这里是俯瞰马赛、眺望地中海的极佳之处。隆香宫是一座宫殿式样的水塔，正面有一组气势磅礴的喷泉，喷泉水流向全市。伊芙城堡就是《基督山伯爵》里关押邓蒂斯的堡垒，是石砌"回"字形结构，牢房阴森，气氛可怖。

　　艾克斯市自中世纪就是一座大学城，也是著名的"泉城"。这里最美的泉水分别在铸铁阳台、精雕门道和米拉波大道。城中仍保留着古罗马遗迹、中世纪、哥特式和文艺复兴风格建筑，如行走在历史的时空中。艾克斯是画家保尔·塞尚的故乡，从市区到近郊，有许多

塞尚的生活足迹：故居、画室、家族遗产等建筑物。该市以独特的烹饪、玫瑰红葡萄酒，普罗旺斯方言而闻名。

米拉波大道

米拉波大道位于艾克斯市中心，被称为世界上最优美的梧桐大道。大道以戴高乐广场为中心向东伸展，两侧遍植高大的法国梧桐树。许多精致典雅的中世纪建筑、雕像掩映在树丛中。大道附近的各大广场有无数精美的喷泉。街边露天咖啡厅、茶餐厅及特色商铺，休闲雅致。塞尚画室就位于这里。

圣苏维尔大教堂

圣苏维尔大教堂位于市中心。以 16 世纪胡桃木门、莫洛温王朝式圣洗堂、仿罗马式回廊而闻名。教堂内处处可见中世纪时期的古典建筑和雕像，哥特式的教堂外观，15 世纪画家尼古拉·夫拉曼的名作《燃烧的蔷薇》同样值得一看。

古老的小城阿尔

古老的小城阿尔位于南普罗旺斯。凡·高曾在这里创作、生活过。阿尔以热烈明亮的地中海阳光和时尚的艺术风格闻名。这里的街道、

TIPS

📍 **地址** 法国东南部的一个地区，毗邻地中海，和意大利接壤。普罗旺斯首府是马赛。

📍 **贴士** 普罗旺斯盛产薰衣草、优质葡萄酒（吉恭达斯和教皇新城）。

房屋、酒吧，都充满了浓厚的艺术气息。每年 7 月，这里举办时髦的国际摄影节，在石头古巷和小广场上，展览当今潮流的大摄影师的作品。

吕贝隆

吕贝隆是沃克里兹省的南部地区，彼得·梅尔的《普罗旺斯的一年》所写的就是这里。吕贝隆山区的塞南克修道院的薰衣草花田，号称全法国最美丽的山谷之一。修道院建于 12 世纪，修道士在院里栽种了一大片色彩各异的薰衣草花田，是观赏薰衣草的好地方。玛丽古宅是一个坐落在葡萄园内的农舍，已开放成旅馆。对于旅行者来说，这里俨然一个理想的驻足地。就着空气中的薰衣草香气，品着玫瑰色的"吕贝隆海岸"葡萄酒，望着阳光沐浴下的花花草草，真想融化在这里。不远的山坡上就是梅内尔贝村，随便按一下快门，都是明信片上的风景。

苍凉的古堡、寂寞的峡谷、蜿蜒的山脉、活泼的都会、醉人的薰衣草花海，演绎出法国南部的万种风情

英格兰湖区 ENGLAND'S LAKE DISTRICT 042

最美理由 /

英格兰湖区是一方人间仙境，它由 16 个湖泊组成，面积约 2300 平方公里，是英格兰和威尔士地区最大的国家公园，也是最美丽的国家公园。造物主在这里安排了英格兰最大的温德米尔湖和最高的斯科费尔峰，著名的 Borrowdale 峡谷以及众多英格兰传统小镇、农牧场、瀑布。湖区有数以万计的步行线路，顺着蜿蜒的小径，可见湖泊、荒野、高山、森林、塞尔特建筑、罗马遗迹、大宅邸和修道院废墟等，这一切都被赋予了一种别致的情调，让久居都市的英格兰人重见心中的"绿洲"。湖区地灵人杰，还孕育了著名的"湖畔派"诗人华兹华斯等。

最美季节 / 4~9 月

最美看点 / 湖泊、小镇

最美搜索 / 英国

这里至今仍有一些地方未被开垦，保持着极好的生态，是人间的一片净土

英格兰湖区是英国人"自己的后花园"。坎布里亚山脉横贯湖区，把湖区分为南、北、西三个区。这里至今仍有一些地方未被开垦，保持着极好的生态，是人间的一片净土。

最大的温德米尔湖

湖面狭长，全长 17 公里，最宽处 2 公里，湖中有数个小岛，却只有美丽岛 (Belle Isle) 有人居住，而且是仅此一人。可以看到岛上可爱的圆屋，可惜不能上岛，只能远远地打个照面。湖边码头上有许多白天鹅、野鸭和红嘴鸥，装点着波光粼粼的湖面，奏出了一支大自然和谐曲。这里是划船的好地方，水绕山行，可欣赏人间绝景。船行至湖区深处，起伏的山峦下，树木层次分明，颜色不一，如一幅水墨晕出的山水画。湖畔灰色的古老建筑，又与湖水、草地、游船相辉映。正如济慈所说，温德米尔湖能"让人忘掉生活中的区别：年龄、财富"。

离湖不远处有座小小博物馆，馆中展出的是波特小姐笔下那只大名鼎鼎的彼得兔子，还有柏郎小猪、杰瑞米青蛙、汤姆小猫等，其他栩栩如生的小名人儿们。

温德米尔小镇

紧挨温德米尔湖，是典型的英格兰传统小镇。小镇的房舍都是就地取材砌成的黑石屋，古朴典雅。行走在林荫小路上随处可见这样的小屋，粉白色的泥墙、长着青苔的石头，还有碎石板堆成的水色的矮墙。地处湖区，空气湿润，整个小镇像是沐浴在露水中，每一种颜色都跳脱鲜活、娇艳欲滴。无论是坚固的石墙还是长凳，都透出盈盈水意，仿佛握一把都能渗出水来。一条向湖边延伸的倾斜的小路就是镇中心，有卖纪念品的商店和本地的餐馆、酒吧，天色一暗小街就热闹了起来。

安布尔塞德镇

这里有全英国最小的"桥屋"，它建在桥上，用粗石砌成，上下双层，带有一根烟囱。

葛拉斯米尔湖

位于温德米尔湖北边。葛拉斯米尔湖小巧幽静，这里有华兹华斯的故居"鸽舍"和他每天散步的林荫道。走在这条小道上，好好体会一下诗人眼中"痛苦世界里安宁的中心"。"我不知道还有什么别的地方能在如此狭窄的范围内，在光影的幻化之中，展示出如此壮观优美的景致。"

凯西克

湖区北部最大的城镇，一个维多利亚时期的古老市镇。市政厅广场上有维多利亚女王塑像。小镇人稀车少，恬美怡然。镇子周边有数条林间小道通向附近的断崖和瀑布。附近还有著名的凯尔特人的巨石遗迹卡塞里格石圈，它位于山冈上，在 38 个石头排成的大圆中，又有 10 个石头排成的小四方形，距今已有 5000 年历史，充满了神秘气息。

TIPS

📍 **地址** 位于英格兰西北海岸，靠近苏格兰边界，面积 2300 平方公里。

📍 **贴士** 彼得兔。

英格兰湖区是英国人"自己的后花园"

挪威海岸 COASTAL NORWAY　　043

最美理由 /

　　"峡湾之国"挪威以它那无与伦比的峡湾风景，被列为世界自然遗产。这里有世界上最长、最深的松恩峡湾和世界上最美的盖伦格峡湾，美得自然淳朴，宁静迷人。海岸边有多处北欧风格的木结构建筑，如于尔内斯木结构教堂、布瑞金木屋等，都是世界自然遗产目录中的成员。被称为世界铁路最高杰作的弗洛姆铁路，其493公里的行程正是北欧最著名的风景线。沿途20公里长的弗洛姆峡谷是挪威风景的精华：无数

瀑布从山顶垂下，与青山碧水、蓝天白云一起构成一幅雄浑壮丽的画卷。正如挪威人所言："这个国家最美丽的地方要数一条条深入高山的峡湾。"

最美季节 / 5~7月

最美看点 / 弗洛姆峡谷、最长的松恩峡湾、于尔内斯木结构教堂、最美的盖伦格峡湾、哈丹哥峡湾、里瑟峡湾

最美搜索 / 挪威

海岸边有多处北欧风格的木结构建筑

　　松恩峡湾最长的瀑布，全长600多米。挪威国土有1/3在北极圈内，是世界上最冷的国家之一，也是世界上最富有的国家之一。挪威的风景魅力在于它那2.5万公里长的海岸线。奇特的冰原风貌，切割成无数锯齿形的峡湾。

坐船沿着曲折的海岸线航行，欣赏挪威海岸独一无二的风景：清冽的海水呈现出深蓝色，巍然的冰山倒映水中。有的峡湾被冰川覆盖，静静地矗立了千万年。峡湾一年四季美景不断：春天的峡湾一派新绿，夏天的峡湾多姿多彩，

秋天的峡湾色彩斑斓，冬天的峡湾白雪皑皑。如果乘坐火车观赏峡湾，沿途的风景让人叹为观止。

弗洛姆峡谷

在去往松恩峡湾的途中。峡谷内有无数条瀑布，有的飞流直下浪滔滔，有的跌宕起伏似云雾，有的万马奔腾飞四溅，有的飞珠散玉，有的细若白丝挂天边。河流在谷底流淌，河水碧绿。两旁的山有的白雪覆顶，有的树木葱茏。偶而视野豁然开朗，一片硕大的草地展现在眼前。最好是步行穿越峡谷，细细地品味美景。

最长的松恩峡湾

全长 200 多公里，从挪威海岸一直延伸到东部，平均水深超过 200 米，最深处达 1300 多米。松恩峡湾之美在于千岩竞秀，碧水蓝天，飞瀑万千。河水切割出幽深的峡谷，两边是终年积雪的山峰，瀑布由陡峭的山边奔泻而下，最长的瀑布有 600 多米，最高的瀑布有 93 米。峡湾中最美的一幅画面莫过于：水平如镜的峡湾中，一边是白雪皑皑的"七姐妹峰"，另一边是飞流而下的弗利亚瀑布，两岸山峦起伏，层林叠翠，置身其中，恍入仙境。在两岸险要的地势中，偶尔点缀着古朴的民宅，彩色的木质房屋宛若童话世界里的仙人住所。

于尔内斯木结构教堂

坐落在松恩峡湾岸边。始建于 12 世纪下半叶，是挪威最古老的教堂。教堂是四方形的三层建筑，全部木板建成，外观黄褐色，与青山绿水呈现出和谐之美。教堂每层都是陡峭的

披檐，上有尖顶，有点像东方庙宇。这形成了北欧独特的建筑风格，巧妙融合了维京文化与基督教文化。教堂和一般的原木教堂不同之处在于，它不用一根钉子或螺钉，而是利用垂直的柱子和木板支撑，每根柱子和外壁的厚板分别垂直嵌入底梁和上梁。

最美的盖伦格峡湾

全长 16 公里，两岸山势峻拔挺立，雄浑遒劲，峭壁多在 1000 米以上。一路上，有无数壮观的瀑布，如茵的牧场，高耸的山峰。峡湾中最令人震撼的风景是仰望罗姆斯达尔山谷的"山妖阶梯"。这里主要的风景点有"新娘面纱"和"七姐妹"瀑布等。在松恩一菲尤拉讷郡，可以接触欧洲大陆最大的冰川——尤斯拉达尔冰川上，又是种不可言喻的感觉。

哈丹哥峡湾

位于卑尔根南部，是一处幽静的峡湾。山影、树影、雪峰影倒映在平静的水面上，阳光照射下的瀑布时而出现夺目的彩虹。这里是滑雪的好地方，即使是夏季也可以享受滑雪之乐。

里瑟峡湾

位于斯塔万格东部。这里耸立着一片 24 平方米的片麻岩平地，人称"布道坛"。巨石自海平面拔地而起，高达 600 米，石顶可容几百人。夏天来此观海晒太阳，十分惬意。

托斯卡纳 TUSCANY　　　　　　　　**044**

最美理由 /

托斯卡纳不仅仅是一幅风景画卷，也是一种度假方式的代名词。据说这里只要来过一次，就会有许多人索性搬到此处永远不走，就是为了享受这里的阳光，吸饮醉人的葡萄酒。托斯卡纳最典型的美景是：蓝天白云下的橄榄树、葡萄园，以及古老的小镇，错落有致地分布在如茵的山丘间。那些建筑在原野上、山头上的房子，都是一座座精美的艺术品，房子的颜色、窗子、窗帘布料，都与托斯卡纳十分相配。千年的时光，还将这里的历史古迹雕琢得熠熠生辉，成为人类文化的宝贵明珠。

最美季节 / 春、秋季

最美看点 / 锡耶纳、卢卡、波比镇

最美搜索 / 意大利

千年的时光，将这里的历史古迹雕琢得熠熠生辉，成为人类文化的宝贵明珠

托斯卡纳是意大利的一个大区，位于意大利中西部，兴起于中世纪。这里是文艺复兴的发源地，涌现出了"文艺复兴三杰"、乔托、但丁等一大批杰出艺术家。佛罗伦萨、比萨和锡耶纳这三座城市是意大利历史和文明的发祥地，这里的每一处古建筑，都拥有悠久的历史。最迷人的是幽远深邃的托斯卡纳乡村，那里的人们代表着意大利最纯正的生活方式，蓝天白云下，一片葡萄园和橄榄树中，寥寥几人在阳光下懒懒地休闲、随意地聊天，时光仿佛在这里停驻不前。

TIPS

📍 地址　位于意大利中西部，面积近 2.3 平方公里。首府佛罗伦萨。

📍 贴士　葡萄酒、阿雷佐的手工刀具、卢卡的橄榄油。

锡耶纳

在托斯卡纳南部。锡耶纳是一个独特的中世纪古城，保留了许多哥特式建筑，华丽的喷泉又为城市增色不少。步入其间，仿佛漫步于中世纪花园。全城的中心是田园广场，呈巨大的扇形，由九个部分组成，分别代表锡耶纳政府的九位成员。广场独特的贝壳造型是建筑史上的杰作，多少年来，锡耶纳人围绕着广场生活，每年的 7、8 月在田园广场举行的派利奥赛马节是锡耶纳市民最热闹的节日。全城人全情投入，花几个星期来准备。有意思的是赛马都不配马鞍，比赛过程也没有严格规则，因此，骑士们出尽百招，各显神通。在锡耶纳城市的最高处有一座黑白相间大理石砌成的教堂。教堂上下部分完美地融合了哥特式与罗马式风格。最出彩的是教堂内部整个地面，它由 56 块精美绝伦的大理石铺成，描绘了《旧约全书》和希腊神话里的故事场景，总面积约 3000 平方米。大教堂右侧是歌剧博物馆，馆内收藏了锡耶纳画派创始人杜乔在 14 世纪所创作的一幅宗教装饰画，体现了拜占庭艺术与哥特式抒情风格的完美结合。沿着狭窄的螺旋状楼梯登上博物馆的露台，整个锡耶纳城的景致尽收眼底。在大教堂和田园广场之间的城市街是锡耶纳最具风情的街道。这里有一座 12 世纪的哥特式宫殿，华丽大方，圆形的外观与街道的柔美曲线相得益彰。城市街的店铺中出售的是一流的意大利品牌服装，这里是世界服装时尚界的风向标。

卢卡

在托斯卡纳北部，是意大利最富魅力的城市之一。用希莱尔·贝洛克的话说："卢卡什么都好。"《蝴蝶夫人》的作者著名音乐家普契尼就出生在这里。因此。卢卡天然带着艺术气息，富有诗意。市中心的棋盘街道铺满了小石子，四周是 16 世纪的古老城墙。离卢卡 20 公里处的科洛迪小镇（Collodi）是《木偶奇遇记》作者的故乡，有一种浓郁的文化氛围。一条小河将小城分为两半，一边是古韵犹存的 12 世纪古堡；另一边是建于 1956 年的皮诺曹主题公园（Pinocchio Park），是童话的天堂，孩子们的乐园。

波比镇

位于托斯卡纳东部的阿雷佐，拥有多座城堡，如同一座中世纪殿堂。康体高地城充满了兵器味儿，几乎没有任何装饰，连窗户都没有，四周布满了壕沟和城墙。塔楼后面的城堡呈方形，高 3 层，这里的窗户却是非常精致，不过，底层的窗户还是看似满怀敌意。罗美纳城堡建在高台上，狭小的入口和高大挺拔的城堡、广袤的草坪形成了鲜明的对比。城堡的外墙非常坚实，易守难攻，四角还有瞭望敌情的塔楼，高达数十米。不过上塔楼着实不易，几百个台阶每步都有极高的跨度，加之光线昏暗，楼梯最窄处仅容半只脚。进入城堡，便觉得豁然开朗。

新西兰北岛 NORTH ISLAND OF NEW ZEALAND　**045**

最美理由 /

　　新西兰北岛集多姿多彩的风光美景、毛利文化于一身，它最具特色的是火山地热景观。罗托鲁阿被称为"新西兰温泉城"，可目睹地质奇观：热气蒸腾的火焰山、间歇喷发的热喷泉、泥浆翻滚的青蛙池、开水锅般沸腾的硫黄泉、云雾缭绕的盘丝洞等。陶波湖是世界上最大的火山湖，面积等于一个香港。在萤火虫洞里可以见到世界第九大奇迹灿若繁星的萤火虫。北岛上还有两座重要的城市：千帆之都奥克兰是新西兰最大城市，它被神奇海洋世界所包裹，众多岛屿、毛利文化，让这座现代化都市散发着神奇的魅力；首都惠灵顿则充满了文化气息，是世界上最美丽的都市之一。

最美季节 / 四季皆宜

最美看点 / 罗托鲁阿的火山地热、"洼池"、陶波湖、怀塔基、欧加黛娜湖、萤火虫洞、奥克兰、惠灵顿

最美搜索 / 新西兰

这里拥有至今仍保持原状的大自然，充满原始的纯净与生命力

　　新西兰北岛多火山、温泉。这里拥有至今仍保持原状的大自然，充满原始的纯净与生命力。正如电影《魔戒》中的画面：白雪皑皑的峰峦，金光灿灿的海滩，晶莹碧透的湖泊、雾气缭绕的地热、苍翠茂密的原始森林……

罗托鲁阿的火山地热

　　北岛最负盛名的旅游观光地。在城中行走，无论是大路边的石缝，还是住宅花园，都

能看见白色的蒸汽从地下徐徐冒出，空气中氤氲着一股淡淡的硫黄味。这里可目睹火山地热喷泉的场面：火山从地底深处的高压地热带喷出，夹带着水汽直冲云天，高度可达 30 米，蔚为壮观。在硫黄喷泉区里，华卡雷瓦雷瓦喷泉，定时喷发，水柱擎天，已成为罗托鲁阿的象征。有的喷泉温度竟达沸点，游客可以将食物放在篮内投入喷泉中煮熟，甚至可以用硫黄山上喷出的蒸汽将食物煮熟。

世界著名的景点"地狱之门"是新西兰唯一一座容易到达的泥火山。这片土地上到处是冒着蒸汽的温泉、硫黄湖和沸腾的泥浆地，不时有蒸汽从地洞中喷出，仿佛有一头巨兽正潜伏于地底。

怀奥拉池是南半球最大的温泉瀑布和新西兰唯一的泥浆浴池。据说，当地的毛利人很早就发现此处的泥浆具有治疗作用。

"洼池"

在罗托鲁阿的恩加莫卡亚科泥潭，沸腾的泥浆上下翻腾，犹如青蛙跳跃。游人可以在这里洗个泥巴澡，把热乎乎的含有丰富矿物质的泥涂满全身，泥巴晾干后再一块块剥掉，再去浸温泉，让紧绷的皮肤在温热的泉水中变得润滑光泽。据说，这种泥巴澡不仅可以治疗风湿病和皮肤病，还有非常好的美容功效。

罗托鲁阿也是毛利文化的中心。在毛利文化村，可以体验他们的日常生活，了解毛利族人的历史、文化和传统，还能欣赏到独特的毛利歌舞表演。在彩虹泉，可以看到名贵的虹鳟鱼和新西兰的国鸟——几维鸟。

TIPS

📍 **地址**　新西兰两大主岛中北端的一个，位于西南太平洋上。首都惠灵顿和最大城市奥克兰都位于北岛上。

📍 **贴士**　这里的毛利木雕等手工艺品值得收藏。

陶波湖

大洋洲最大的淡水湖。面积 680 平方公里。湖是火山喷发后形成的，本身就是个火山口。湖四周有许多温泉。这里湖面开阔，碧波粼粼，是水上运动的好地方。

怀塔基

离陶波湖 10 公里处，这里建有新西兰最大的地热发电站，被雾气所弥漫，仿佛仙人的气场。此处的天空飘浮着大量波状白色汽云，此乃一种人造的喷泉水汽，它是从一种由钢筋水泥构成的高架桥内以每平方米百余千克的压力向上喷出的。

怀塔基近郊松树林里有个喷泉山谷，一条小路连接着无数的滚水池，这些滚水池多数在彩虹峭壁附近，池里充满了冒着气泡的泥沼，还有起泡的温泉。最大的一个滚水池，600 多年来不断地将每小时 1588 千克的水汽从池里一个狭小的岩石裂缝中喷射出来。把闪闪发光的沙袋抛进喷口，细沙将被强有力的喷泉抛向空中，化成一团奇妙的火星。

欧加黛娜湖

在怀塔基以北 80 公里处，是新西兰最美丽的景点。湖滨满布原始的草丛，湖光山色幽雅宜人。

萤火虫洞

位于怀卡托怀托摩溶洞地区。这个萤火虫洞在钟乳石洞的尽头，乘坐人工拉动的小艇前往。只见在漆黑的洞体内，成千上万的萤火虫幼虫发出光亮，灿若繁星，使岩洞熠熠生辉。萤火虫洞里还有著名的探险活动——黑水漂流探险，穿上黑色保暖潜水衣，戴顶有小灯的头盔，坐在黑色车胎里，由指导员带你爬过重重钟乳石洞，随游绳漂到最隐蔽的萤火虫洞里。

奥克兰

位于北岛中央偏北地带，是新西兰经济商业的中心。整个城市被一片水域环绕，人们在此进行各式水上运动，一派悠然自得。难怪奥克兰人均船只拥有数居全球之冠。抬头望，海面上布满了密密麻麻的白帆。这里有美丽的海滩，50 多座梦幻般的假日小岛，最纯净的空气，冬暖夏凉的气候，如茵绿草，千年古树，夜幕下南半球最高的摩天大楼"天空赌城"发散出迷人的光彩……奥克兰有两座山非去不可。Eden 是一座死火山的火山口，海拔 196 米。不可思议的是火山口竟是绿草地，牛羊在此悠闲地吃草生活。这里是俯瞰奥克兰的最佳地点，可将市区和附近的海面一览无余，只见美丽的海湾，修长的大桥，童话般色彩的小房子掩映在树林中。独树山保存着 17、18 世纪毛利人城市的遗迹和城市创立者的纪念碑。旅游者登上附近的天文台，可用望远镜观赏星象和城市夜景。由于经纬度的原因，新西兰的月亮看起来特别的大而圆。这里还是奥克兰人最喜欢的休闲运动场所，到处是奔跑的身影。

惠灵顿

位于北岛南端，三面环山，一面临海，以"风都"著称。登上维多利亚山顶可俯瞰整个惠灵顿的秀丽：山脚下参差坐落着朴素而漂亮的木头房子，山坡和平原上随处可见"风吹草低见牛羊"的田园风光。整个城市没有大都市的喧嚣，处处给人以温馨安定。市内最壮丽

整个城市没有大都市的喧嚣，处处给人以温馨安定之感

的建筑物是议会大厦和总督府，它是维多利亚式风格，采用蜂巢式设计。其政府办公楼是世界上最大的木质建筑。惠灵顿还是一个文化之都，国立美术馆经常展出新西兰有名的绘画和雕刻品；新西兰博物馆收藏了一批具有世界意义的毛利人文化遗产；国家图书馆是一座文化和信息资源的宝库；亚历山大·特思布尔图书馆藏书百万册以上。市区内的植物园及其北端的诺威多蔷薇公园颇负盛名。木头建成的圣保罗大教堂宏伟壮丽，也为城市增色不少。街头有着鲜明的酒吧、咖啡文化特色，惠灵顿人均拥有的酒吧和咖啡馆数量甚至超过了纽约。

大瑟尔 BIG SUR　　　　　　　　**046**

最美理由 /
　　大瑟尔是从美国西海岸的旧金山市沿着一号公路向南行，有段 145 公里的盘山路，这一带是整个北美洲离海最近的山、最陡峭的地方，号称世界上山脉和海洋接触最美丽的览胜角度。它的美是一种绝美：海湾胜景、浪漫清幽的卡梅尔镇、加州最豪华的城堡赫斯特城堡、高大而长寿的红杉木……它的美还在于一种危险：公路蜿蜒曲折狭窄，多急弯，地势顺着山峦忽高忽低，身边常是悬崖深海……它的美在于一种变幻：时而是青翠山岭，时而是浩瀚海洋，时而乱石滩流，时而牛羊漫步……大瑟尔是自然馈赠给人类的圣域。

最美季节 / 四季皆宜

最美看点 / 菲弗沙滩、红杉树国家公园、赫斯特城堡、卡梅尔镇、毕克斯比大桥、白石角上的象海豹

最美搜索 / 美国

大瑟尔是自然馈赠给人类的圣域

　　大瑟尔有着最令人难忘的海洋景观："到处是大块奇形怪状的岩石，它们中间尽是空洞，海水在它们四周和里面呼啸着，冲击出泡沫，响亮地击打着沙滩，沙迅速沉降……"。行车于悬崖绝壁与广阔大洋之间，几百公里路途美得让人心灵震颤。

菲弗沙滩

　　这是个让人惊艳的沙滩！由于沙子含有丰富的锰，呈现出深浅不一的紫色，它们与普通的黄、白色沙粒混合在一起，调出了五颜六色，世间罕见。

红杉树国家公园

　　世界上最大的最壮观的红杉原始森林——红杉树国家公园，被列入世界自然遗产名录和国际生物圈保留区名单中。公园南起大瑟尔，北至俄勒冈，南北长 80 公里，面积 429.3 平

方公里。美国红杉是世界上最高的树种，也是地球上最庞大的生物之一。这里的红杉树身高 100 余米，寿命已达 3000～5000 年。它们生长速度快，存活率高，不怕风吹雨打日晒虫咬，见证着沧海桑田的历史。来红杉林观光要经过红杉隧道，凡是横倒在路中的红杉，树干中挖出树洞让汽车通过。"雪曼将军神木"是必游景点，它是以南北战争中雪曼将军而命名。公园里还有世界著名的"树屋""独木房""红杉树鞋"、高达 100 米的"红杉之母"和 2000 岁的"红杉之父"等，颇能体验造化之神奇。

赫斯特城堡

这是加州最豪华的城堡。城堡修建在山顶上，向东俯瞰是绵绵群山和肥沃田庄，向西遥望是茫茫太平洋。城堡历时 28 年才完工，极尽奢华。最美的看点当数湛蓝透明的游泳池。室内游泳池底由马赛克拼成的海底动物图案，池岸用纯金镶嵌；室外游泳池四周是洁白的大理石雕，配着瓦蓝的池水，相当华丽。城堡主人赫斯特生前是美国 20 世纪二三十年代传媒业大亨，一生酷爱收藏艺术品，因此城堡内的家具、挂毯、绘画、雕塑、壁炉、天花板、楼梯，甚至整个房间，都是艺术珍品。赫斯特城堡高踞在海岸附近的山头上，确实是风水强劲的好地方。

卡梅尔镇

位于蒙特雷湾，是一个情调优雅的海滨小镇。1904 年，一群艺术家和作家创立了小镇，因此，这里充满了浓郁的艺术气息。走进小镇如同步入如梦似幻的唯美建筑花园。滨海大道周边的小店独具风格，许多都是由艺术家所开，出售精心设计、世上独一无二的商品。有童话般的糖果屋，外表朴实的海鲜餐厅，美得无法形容的橱窗，一步一景，波希米亚风情、莎士比亚风格、甜美田园风光……应有尽有。那些看似死胡同的羊肠小巷，也不要放过，一定去走走，里面躲藏着让你惊喜不已的小店。若要领略小镇的精髓，最好能挨个儿逛店铺，细品之，尤其是那些画廊，将打开你的想象空间。滨海大道尽头便是卡梅尔海滩，躺在沙滩上听涛，白沙、海浪、落日，情景十分动人。

毕克斯比大桥

建于 1932 年，大瑟尔的知名地标。桥跨越在毕克斯比溪之上，在海岸山脉上挖凿出来的一个小峡谷之上，人工造型与自然海天背景搭配绝佳。桥面离海面有 80 余米，在阵阵浪涛声和扑面而来的清冷海风的冲击之下，让人感觉高而冷峻。

白石角上的象海豹

白石角是一个伸向太平洋的突兀石角，这里有座 19 世纪的灯塔。海滩上栖息着象海豹。它们懒懒地趴在沙滩上酣然大睡，肥软的身躯没有一条肌肉，像一堆软软的布袋。棕黑色的皮毛跟海滩上的黄沙混同，只是在仰卧或侧卧时露出白白的肚皮。

TIPS

📍 **地址**　加州中部自蒙特雷至圣西梅恩的海岸。
📍 **贴士**　在卡梅尔镇的小店里可以买到许多特色纪念品。

佛蒙特州 VERMONT 047

最美理由 /

　　佛蒙特州面积不大，但却精致美丽，常有明星名人来此度假，被称为"纽约的后花园"。一条绿山山脉南北贯穿，带来幽幽的绿色，使佛蒙特州安静而宁谧。每逢秋天，这里又成了全世界最迷人的秋景之一，枫叶似火，燃到天边。佛蒙特的冬天白雪皑皑，斯托滑雪场是世界第七大滑雪胜地，游人畅滑于此，无比开心。夏季清凉，又是避暑佳处。这里还有许多城镇依旧保留着古朴的美丽，美国最老的木屋——海德木屋（1738 年）、美国两位总统的故居、谢尔本博物馆里的 35 座美洲早期建筑、世界最大的花岗石矿场等，都让佛蒙特州成为独具魅力的天堂胜地。

最美季节 / 秋、冬季

最美看点 / 格林山脉、格林山国家公园、斯托滑雪场、特拉普山庄、枫糖博物馆

最美搜索 / 美国

秋季的佛蒙特州更是美不胜收

　　"佛蒙特"的名字来自法语"绿色山岭"，的确如此，全州 77% 为天然森林所覆盖，绿山山脉纵贯全州。其他地方则是草地、高原、湖泊、池塘和沼泽湿地，如一块块宝玉石镶嵌在绿色天地中。秋季的佛蒙特州更是美不胜收。山丘被枫树染成红色、橙色和金色，在阳光下发出绚丽的光芒。

格林山脉

　　从北到南穿过佛蒙特州中央，属于阿巴拉契亚山系的一部分。山脉长 402 公里，最宽处 58 公里，最高的曼斯菲尔峰高达 1339 米。这里的风景极为优美，成为名副其实的游览胜

地。而且冬季滑雪设施也相当完善，试想在如此山川上一路滑下，身旁美景不断变换，的确是神仙境地！山间小径属于阿帕拉契国家风景小径的一部分，有看不完的风景。

格林山国家公园

公园主要是为保护云杉、枫树、山毛榉和桦木。著名的佛蒙特州 100 号线路从这里穿过。这条线路是驾驶者的天堂，长 320 公里，却只有三个红绿灯，曲折的混凝土公路就在国家森林内蜿蜒。

斯托滑雪场

世界十大滑雪场之一，以风景优美而驰名。斯托镇浑身散发着新英格兰风格，有两块滑雪区域：曼斯菲尔德山和斯普鲁斯山，两个滑雪场位置紧连在一起。镇上还有商店、餐厅，供游客们享乐。周围小镇上的村庄、草原，还保留着 18、19 世纪的建筑，有宏伟的古建筑及艺术和历史博物馆。

特拉普山庄

位于斯托镇。电影《音乐之声》中的冯·特拉普男爵一家逃离奥地利后就定居在佛蒙特州的斯托镇。经过几十年的努力，建造了一座奥地利风格的木结构客栈——特拉普山庄，由他们的后代经营着。当年男爵一家漂泊至此，发现这里的风景像极了故乡奥地利，于是在这里定居。山庄是奥地利风格。门厅高悬的木质匾额上书"问候上帝"。家具简单而无修饰，座椅上随意摆着一两份介绍阿尔卑斯山的书报，墙壁上悬挂着奥地利山间牛脖子上常见的铜铃和红绿织带。大厅里还有一间图书室。整体感觉仿佛特拉普男爵仍然在这里。当

地每天都上演《音乐之声》的歌舞剧，勾起游人的无限回忆。每年夏季佛蒙特州的莫扎特音乐节也在斯托举行。

枫糖博物馆

枫糖是佛蒙特州的特产。这家博物馆专门介绍枫糖从采集到制作的全过程。枫糖是用枫树的原汁，经熬煮后，蒸发凝练而成的一种浓稠糖浆。含糖分高，颜色透明或半透明，类似蜂蜜。采集枫汁原始的办法是直接在树上砍切一斜口，让流出的树汁顺着木插片滴到桦树皮制成的容器里。比较科学的方法是利用管道系统、逆渗透和高性能蒸发器采集枫汁。枫汁采集后经过提炼，开始熬制。制作好的枫糖被装在枫叶形状的玻璃瓶里，十分漂亮诱人。

世界十大滑雪场之一，以风景优美而驰名

加拿大滨海诸省 CANADIAN MARITIMES　048

最美理由 /
　　加拿大滨海诸省是片充满诱惑的红土地。"联邦的诞生地"爱德华王子岛省素有"海湾公园"的美称，拥有北美最美丽、最无污染的白色海滩。新不伦瑞克省那条 900 公里的越野滑雪道和 6000 公里的雪车道，打造出了"纯白金"的冬天。芬迪湾是世界潮汐落差最大的地方，创造出惊世美景。新斯科舍省随处可见古老的渔村和灯塔，充满了原始美。这里的枫叶则是加拿大的代表作。由于濒临海边，美味的鲑鱼又为世界餐桌增添了一道佳肴。

最美季节 / 8~9 月，冬天的新不伦瑞克省
最美看点 / 爱德华王子岛省、夏洛特敦、小绿屋、北角、联邦大桥、新不伦瑞克省、芬迪湾
最美搜索 / 加拿大

小绿屋，凡是来爱德华王子岛的人几乎都要到此一游

　　加拿大滨海诸省包括爱德华王子岛省、新斯科舍省和新不伦瑞克省。

爱德华王子岛

　　位于圣劳伦斯湾，南北长 224 公里，东西宽 6~64 公里，是加拿大面积最小的省。传说上帝将一点土放在波涛汹涌的大西洋中，诞生了"波浪中的摇篮"。全岛形似弯月，自西而东由王子、王后、国王三部分组成。蓝天、碧海、红土构成这里的主色调，弥漫着欧洲风情，鲜艳亮丽的维多利亚式房舍随处可见。爱

德华王子岛的国家公园由众多岛屿、半岛组成。此处可以尽情领略红土地的魅力，从卡文迪许镇进入公园，一路都是红色悬崖，红沙质海滩，如一条红色腰带，绵延 40 公里。

夏洛特敦

1864 年在这里签署了联邦协议，是联邦的诞生地。联邦艺术中心是为庆祝联邦百年纪念而建的，内有博物馆、画廊和剧院。剧院每年 6~10 月都要举办加拿大最著名的音乐和戏剧节"夏洛特敦节"，届时会上演最受欢迎的音乐剧《安妮的故事》。

小绿屋

这座小巧的绿白相间的小屋，因蒙哥马利的小说《绿山墙的安妮》而闻名。小屋所处的农场为蒙哥马利家亲戚所有。政府在此竖立了纪念碑，纪念这位作家。小屋及四周景致按照作家小说中所描写的样子修整。小绿屋左后侧有条"恋人小道"，漫步在林荫道上，可以亲自感受小说中描绘的情景。

北角

保存了北美洲最长的自然岩石礁。西点灯塔黑白相间，里面有 9 间房屋，是加国唯一能提供登塔的灯塔旅馆。在此可以眺望海上星星点点的灯光和满天繁星。

联邦大桥

全世界最长的跨海桥。完工于 1997 年，投资 8.6 亿加元，历时 5 年。它飞架新不伦瑞克省与爱德华王子岛之间的诺苏姆伯兰海峡，全长 12.9 公里，有 130 座桥墩，桥下水深 35 米，水面与桥面最高距离 60 米。远看去如同漂浮在蔚蓝海面上的珍珠。联邦大桥桥上行车时速限 80 公里，每 750 米设有一部电话，以备急用之需。为了减少潮水和风的冲击力，还设计了 3 个转折弯道，因此联邦大桥并非笔直地横跨在海上。

新不伦瑞克省

森林覆盖面积达 85%，田园风光与海岸风光共同构筑了一幅大自然美景。这里有许多海上运动：赏鲸、泛舟、垂钓、潜水，让人欢畅尽兴。它还是"世界龙虾之都"。由于移民文化，这里是英国与法国阿卡迪亚文化的混血产物。省会弗雷德里克顿市有许多古建筑、展览馆、博物馆和伯伊斯特色市场。城中最优雅的建筑是建于 1853 年的基督大教堂。新不伦瑞克的冬天被称作纯白金的，从该市到农业小镇哈特兰有 900 公里的越野滑雪道和 6000 公里的雪车道。

芬迪湾

世界最大的潮汐落差海湾，最高潮达 14.6 米（4 层楼高），落潮后带来无数海螺、贝壳。潮汐每 12 小时可带来 10 亿吨海水，还雕砌出了著名的"花盆岩"景观。当圣约翰河注入芬迪湾时，也是世界潮汐最高时，海湾提升至河平面，水流逆转，形成了罕见的逆流瀑布。哈特兰的加盖桥横跨圣约翰河，木质建筑，是世界最长的加盖桥。

塞舌尔 SEYCHELLES   **049**

最美理由 /
　　拥有"旅游者天堂"美誉的塞舌尔是印度洋上的三大明珠之一，这里有世界上最小的首都——维多利亚、世界上最美丽的海滩、最纯净的海水、几乎不受污染的空气。塞舌尔生态环境良好，是世界闻名的观鸟园和植物观赏园，有被命为世界自然遗产的五月谷国家公园。在此可以见识到许多罕见的动植物，比如奇特的海椰子、巨大无比的海龟等。"要多纯净有

多纯净"是对它最好的形容，它被旅行界公认为"最佳、最美、最干净"之地。

最美季节 / 去鸟岛最好是 4~5 月和 10~11 月；5~10 月是玩帆船的好时节；11 月~次年 3 月是垂钓旺季

最美看点 / 主岛马埃岛、世界最美海滩拉齐奥、世界自然遗产保护区鸟岛、五月谷国家公园、最原始的度假地拉迪格岛

最美搜索 / 塞舌尔共和国

在塞舌尔的组成元素中绝大部分是自然天成的美丽，自然雕饰

　　塞舌尔是西印度洋群岛国家，由 115 个大小岛屿组成，全国人口不过 7 万多，90% 都在马埃岛上。这里人口密度低，人们有很大的活动范围，而且限制游客数量，因此，此处没有一点儿城市的压迫感。城市中一色的两层楼房，建筑带有英殖民色彩。在塞舌尔的组成元素中绝大部分是自然天成的美丽，自然雕饰，原始而纯净。这里到处可见鸟儿飞翔，三三两两的，不避人。

主岛马埃岛

　　在这个山脉起伏的花岗岩岛上，遍布棕榈、榕树和肉桂，成为一座热带风情的绿岛。

岛上的奇峰植被密布，与千姿百态的花岗岩石一起将海滩点缀得出神入化。位于马埃岛北部的博瓦隆海滩，绵延近 4 公里，伫立沙滩，会感到一种摄人心魄的美。在明媚阳光下海水明澈似乎能见底，让人有潜水的冲动，想将大海所有的美尽揽入怀。当百余种珊瑚呈现于眼前，900 多种色彩绚丽的鱼群穿梭而过，梦境也不过如此。塞舌尔也是潜水最容易遇到鲸鲨的海，那种惊险刺激让人毕生难忘。在海滩上静赏大海时，又会发现海水因石头、水深浅、海藻反射而变得富有色彩层次：靛蓝、湛蓝、宝蓝、碧蓝、青绿、墨绿交织在一起，难以描绘。Anse Intendance 沙滩则是广阔大气，沙滩上大量的椰树，翠色参天。黄昏时分，海豚最爱在浅水处逗留，又添奇乐。因此，世界级酒店 Banyan Tree 就建在此处。登上马埃岛的凤凰岭森林保护中心，则可以鸟瞰海岛秀色。

世界最美海滩拉齐奥

位于普拉兰岛东北，是一块无比清静的世外之地。海水蓝得耀眼，能染蓝人的眼睛。巨型的花岗岩石配以高矮不齐的椰树，使它居于世界最美海滩榜首。行走在或干或湿的沙滩上，脚下是没有半点瑕疵的粉沙，采一瓶沙会发现其纯净度、细腻度均超乎想象。

世界自然遗产保护区鸟岛

位于马埃岛西北，为一对英国夫妇私有。岛面积只有七八个足球场大小，环岛一周只有 4 公里，它被海水环绕，遍布椰林，热带植物为鸟类栖息提供了优良场所。每年的 5~10 月，有近 300 万只燕鸥、白嘴鸦在这里繁殖，鸟是

这里唯一的居民，因而也有"燕岛"的美名。这里有 12 种独特的飞禽，是世界自然遗产保护区。坐在小屋的露台，可以看见小鸟在树下孵蛋；抬望眼，是满树的雀巢。这里可以近距离欣赏鸟的一举一动。鸟岛上还可以一睹世界上最重的陆龟"埃斯梅拉达"。芳龄 200 多岁的埃斯梅拉达，体重 304 千克，打破了吉尼斯世界纪录。

五月谷国家公园

位于普拉兰岛中心，是海椰子的原产地。岛上有 7000 多株 10 ~ 30 米高的雌雄椰子树，并排生或合抱而生。海椰子果实重达 10~30 千克，是塞舌尔的国宝，人们都把它奉为神灵。海椰子是全球最大的种子。仿制的海椰子种子也要卖几百美元一个。五月谷还栖息有塞舌尔国鸟黑鹦鹉和珍奇树木 Latanyen Lat 等。

最原始的度假地拉迪格岛

在这里待一日似乎已是世上千年，繁华都市被远远抛之。岛上的牛车和自行车，悠闲的交通工具让时间也停滞，缓慢爬行的象龟让人只想"慢一点，再慢一点"。拉迪格岛上的德阿让海滩被无数次地摄入镜头，成为塞舌尔海滩的代表作。是寂寞让它变得如此美丽！

TIPS

📍 **地址** 东非印度洋西南部，西距非洲大陆东岸 1500 公里，南离马达加斯加 900 多公里。

📍 **贴士** 克里奥餐和东南亚饮食相似，食物原汁原味，也有辛辣刺激。尝塞舌尔辣椒是需要胆量的。龙虾、石斑鱼很有名。

香格里拉 SHANGRI-LA   **050**

最美理由 /

　　"太阳最早照耀的地方，是东方的建塘，人间最殊胜的地方，是奶子河畔的香格里拉。"自从英国人詹姆士的小说《消失的地平线》问世以来，作品中所描绘的香格里拉曾引起无数人的向往。关于何处是真正的香格里拉的争论持续了很长时间，2001 年 12 月 17 日，国务院批准云南迪庆藏族自治州中甸县更名为香格里拉县，从此，这个隐于西南的小县城成为旅行者众望所归的天堂。香格里拉是"三江并流"区域的核心地带，也是云南省面积最大的林区，这里雪山环绕，大大小小的草甸和坝子星罗棋布，土地肥沃，牛马成群。静谧的湖水、神圣的寺院、纯朴的康巴人，一切如梦似幻，正如香格里拉原本带给人们的意境一样。

最美季节 / 5~7 月和 9~10 月

最美看点 / 雨崩村、纳帕海、碧塔海

最美搜索 / 中国云南

这里是传说中的伊甸园

　　在中国西南部的横断山脉之中，有一片神秘的土地，千百年来，因为交通阻塞，不为外人所知，保留了完整的民俗风情和秀美的自然风光。因为一个外国人的介绍，这里成了令人向往的地方，越来越多的人涌向这里，寻找传说中的伊甸园。这就是香格里拉，云南迪庆藏族自治州的首府。

　　香格里拉县地处青藏高原南缘，横断山

脉腹地，是滇、川及西藏三省区交会处，也是举世闻名的"三江并流"风景区腹地，总面积11613平方公里。香格里拉县除主体民族藏族外，还居住着汉族、纳西族、彝族、白族等十几个民族。

TIPS

📍 **地址**　位于云南省西北部香格里拉县。

雨崩村

是一个四面群山簇拥，中间有一块略微平坦的田园村庄，分上、下两个自然村，因地理环境独特，人烟稀少，自古只有一条人马驿道通向外界，因此有人说这里就是陶渊明笔下的"世外桃源"。

纳帕海

纳帕海自然保护区距香格里拉县城5公里，是香格里拉最有高原特色的风景区之一，也是全县最大的草原，总面积2153公顷，海拔3260米，因世界濒危珍禽黑颈鹤在此越冬而闻名。

碧塔海

位于香格里拉县城东部，距县城35公里处。自然保护区以碧塔海为中心，东、南、北三面与洛吉乡相邻，西部与建塘镇接壤，南北长约60公里，东西宽约14公里，总面积1418公顷。保护区内有种类繁多的国家一级保护动植物，其中还有被生物学家称为"重唇鱼"的鱼，有三个嘴唇，属第四纪冰川时期遗留下来的古生物。

雨崩村自古只有一条人马驿道通向外界

元阳梯田与哈尼村落 YUANYANG TITIAN AND HANI COUNTRIES **051**

最美理由 /
　　元阳梯田位于云南省元阳县的哀牢山南部，是哈尼族人世世代代留下的杰作。元阳梯田规模宏大，气势磅礴，绵延整个红河南岸的红河、元阳、绿春及金平等县，仅元阳县境内就有 17 万亩梯田，是红河哈尼梯田的核心区。元阳县境内全是崇山峻岭，所有的梯田都修筑在山坡上，梯田坡度在 15°～75° 之间，以

一座山坡而论，梯田最高级数达 3000 级，为中外梯田景观中的罕见之作。如此众多的梯田，在莽莽森林的掩映中，在漫漫云海的覆盖下，构成了神奇壮丽的自然景观。

最美季节 / 秋天，可以看见云海，天气多晴朗
最美看点 / 坝达、老虎嘴、多依树
最美搜索 / 中国云南

元阳县境内全是崇山峻岭，所有的梯田都修筑在山坡上

　　元阳到处都是梯田，出门随便往哪边走都能看到壮观的梯田景色。2500 年前，哈尼族的祖先从西藏高原来到云南元阳，在生存上遇到一大难题：高山深谷不宜耕种。哈尼族人以顽强的民族性格与大自然搏斗，用石块砌起围墙，围住新开垦的农田，引来山泉灌溉，并

在水雾缭绕的梯田中种植稻谷，久而久之，把哀牢山这一带的山区变成了一幅幅"艺术品"。14 世纪明朝时期，这种把崎岖山地开垦成良田的技术传遍了中国和东南亚，哈尼族因此获明朝皇帝赐名"山岳神雕手"的称号。

　　起源虽早，但哈尼族的梯田生态系统呈

现出的和谐与可持续发展堪称当代楷模：村寨上方矗立着茂密的森林，提供水、用材、薪炭；村寨下方是层层相叠的千百级梯田，提供哈尼族人生存发展所需的粮食；中间的村寨由座座古意盎然的蘑菇房组成，是哈尼族人安度人生的居所，这种江河—森林—村寨—梯田"四度同构"的生态系统充分体现了人与自然的高度协调、可持续发展和良性循环。

2、3 月间到元阳，沿公路行走，水平如镜的梯田从座座山头层层延展下来，交会成万顷良田，在阳光和云雾的交替变幻中，气象万千，壮阔无比。身着色彩亮丽的民族服饰的哈尼族、彝族男女在田间挥锄修犁田，一派祥和。在县城的街上也可以看到赶街的少数民族，但最好的欣赏民族风情的地方是乡下的街上，一到赶街日，山民们盛装出门，街上商品琳琅满目，也是摄影爱好者大展拳脚的最佳时机。

坝达

位于县城南部 43 公里，新街东部 15 公

TIPS

⊙ **地址**　位于云南省元阳县的哀牢山南部。

⊙ **贴士**　鲁沙梨、草果、杧果、哈尼豆豉、南沙牛肉干、茶叶。

里，包括箐口、全福庄、麻栗寨、主鲁等连片梯田，最适合拍摄梯田夕照。全景区共有 17 个自然村，8737 亩梯田全为哈尼族所有，是观赏哈尼族梯田、云海、建筑物等的最佳地点，也是了解、研究、体验哈尼族文化的中心地带。

老虎嘴

包括勐品、硐浦、阿勐控、保山寨等近 6000 亩梯田，从老虎嘴的观景台环顾四周，三面都是绵延的梯田，起伏之间气势宏伟，落日余晖的色彩与田埂线条交织出流动的光影，随着暮色渐消，梯田会变幻出绮丽的色彩。

多依树

包括多依树、爱春、大瓦遮等连片上万亩梯田，是拍朝霞的好地方。

元阳梯田

额济纳 EJINA   **052**

最美理由 /
　　额济纳分布着中国目前最为壮观的胡杨林，45 万亩胡杨林也是当今世界仅存的三处天然河道胡杨林之一。秋天的额济纳最具魅力，金色的胡杨林像一团团烘烈的火焰；这里还有浩瀚无垠的巴丹吉林沙漠，看被流沙掩埋的古城墙，体会沙漠的柔美与苍凉……

最美季节 / 10 月 5～15 日

最美看点 / 胡杨林、居延海、巴丹吉林大沙漠、西夏黑城

最美搜索 / 中国内蒙古

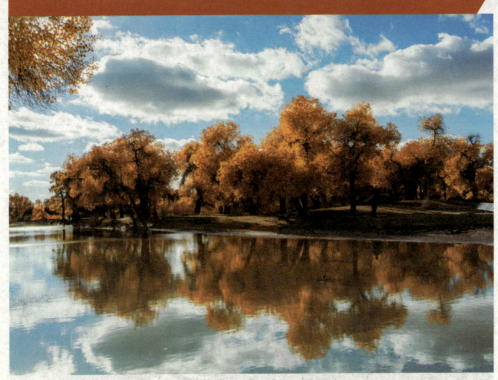

胡杨是一个神奇的树种，春夏为绿色，深秋为黄色，冬天为红色

　　额济纳旗，先秦时为大月氏人领地，称"弱水流沙"，汉时称"居延"。300 多年前，土尔扈特蒙古族移居到此后，称为额济纳。

胡杨林

　　胡杨，又名胡桐，蒙古语叫"陶来"，是额济纳绿洲的主体。胡杨是中亚地区唯一适合生长的乔木，这是一个神奇的树种，春夏为绿色，深秋为黄色，冬天为红色，活着三千年不死，死后三千年不倒，倒后三千年不朽。胡杨的身姿如苍龙腾越，虬蟠狂舞，千姿百态，美

妙绝伦。

居延海

匈奴语，意即"弱水流沙"，发源于青海境内祁连山深处的黑河。在古代，碧波浩渺的居延海很有名，史书上屡屡提到它。由于环境恶化，居延海一度干涸，现在只有一条涓涓细流警示着人们。

巴丹吉林大沙漠

额济纳的八道桥，有一片瑰丽的沙漠，这就是有着"中国第三大沙漠"之称的巴丹吉林大沙漠。一步一个脚印地踩在柔软的沙地上，看沙丘连绵起伏至遥远的天边，变幻着形状；夕阳西下，沙漠被抹上一层金光，耀眼璀璨，正是诗中景色：大漠孤烟直，长河落日圆。

TIPS

📍 **地址** 位于内蒙古自治区最西端。
📍 **贴士** 苁蓉、锁阳、甘草、苦豆。

西夏黑城

黑城遗址是我国古代西夏王朝在西部地区重要的农牧业基地和边防要塞，后因无水，才渐渐荒无人烟，成为历史遗址。这座古丝绸之路上保存最完整的古城，虽经历上千年的风吹雨打，土夯的城墙依然矗立在荒漠戈壁之上。

虽经历上千年的风吹雨打，土夯的城墙依然矗立在荒漠戈壁之上

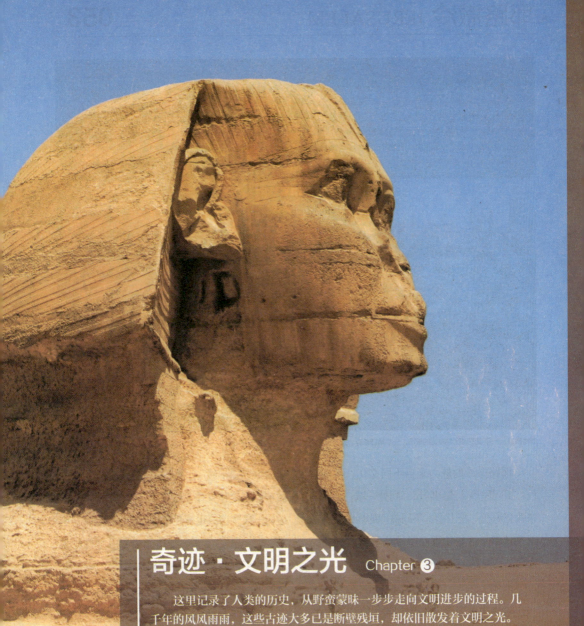

奇迹·文明之光 Chapter ③

　　这里记录了人类的历史，从野蛮蒙昧一步步走向文明进步的过程。几千年的风风雨雨，这些古迹大多已是断壁残垣，却依旧散发着文明之光。

耶路撒冷 JERUSALEM　　053

最美理由 /

在耶路撒冷这片不到 1 平方公里的土地上，集中了三大宗教的精神重心，战乱中，它先后 18 次被毁灭，成为废墟后，毁城者还要用犁再铲一遍，灭绝任何让人怀念的种子，但它又一次次奇迹般地重建，每一次复兴后依然会聚着世上最狂热的爱和恨。耶路撒冷，一座强烈对比与冲突的城市，一个精神永存，却在现实的矛盾中痛苦挣扎的灵魂。

最美季节 / 一年四季

最美看点 / 哭墙、圆顶清真寺、苦路、死海、大屠杀纪念馆、以色列博物馆

最美搜索 / 巴勒斯坦

耶路撒冷，一座强烈对比与冲突的城市，一个精神永存，却在现实的矛盾中痛苦挣扎的灵魂

耶路撒冷的魅力来自不同文化、不同宗教、不同民族、不同阶层，同处一城；不同的宗教交织在一座山上，不同信仰的居民交织在一座城中，这些使耶路撒冷成了巴以冲突的中心。

哭墙

哭墙是耶路撒冷圣殿山西边的一道墙壁。每天，这里都会聚集着成群的犹太教信徒进行祈祷。对于犹太人来说，耶路撒冷旧城中最神圣的地方莫过于 3000 多年以前，由所罗门建造的供奉"十诫"法柜的第一圣殿，圣殿曾先后被巴比伦和罗马人摧毁，现在只留下庭院西边的一段围墙，也就是举世闻名的西墙，又叫"哭墙"。千百年来，流落到世界各地的犹太人，每当回到圣城，必然来到墙前手握经书，低声哭泣，默默祈祷。

圆顶清真寺

在哭墙边沿拾级而上，没走几步就可以看到圆顶清真寺金光闪闪的巨大圆顶。这里是伊斯兰教的圣地，也是犹太人的禁地。相传穆

罕默德在沉睡中被天使唤醒，乘飞马从麦加飞到耶路撒冷，就是踩在这块圣石上，飞上九重天，接受上天的启示。

苦路

两个宗教圣地的交会处，盘旋着基督教的圣地——耶稣的苦路。在这条弯弯曲曲的小路上，耶稣背负着十字架游街示众，走向刑场，在此期间经历了14件事，因而苦路也有14站。

死海

死海是约旦和以色列的界海，是地表最低的地方，低于海平面近400米，因此又有"地球肚脐"之称。海中所含盐分是一般海水的6倍，鱼儿无法生存，岸边也没有植物，因此有了"死海"这个名字。死海的密度远远大于一般海水，人跳进死海里不会下沉，反而可体验在其他海洋里无法感受到的漂游之乐。去

耶路撒冷，有一半路程要沿死海而行。

大屠杀纪念馆

大屠杀纪念馆坐落于耶路撒冷城西的赫哲山旁，是为了纪念第二次世界大战中死于德军集中营的600万犹太人而建，呈"一"字排开深入地下，展示了从1940年起德国纳粹党计划性地屠杀犹太民族的各种图片和文献。

以色列博物馆

是耶路撒冷最重要的艺术博物馆，主要收藏来自全世界考古学、雕塑和传统艺术品。以色列博物馆最著名的人文类收藏品是"死海古卷"，20世纪中叶，在距离耶路撒冷不远处发现，收藏在博物馆的"圣书之龛"中。

这里是伊斯兰教的圣地，也是犹太人的禁地

雅典卫城 ACROPOLIS 054

最美理由 /
　　卫城是雅典以及全希腊的一颗明珠，是雅典的象征。世界上再也没有一个地方像雅典卫城一样，在一小块地方集中了如此之多的建筑、绘画和雕塑的经典之作，不仅是希腊文明的缩影，也是希腊建筑史上的奇迹。经过几千年的风风雨雨，现在的卫城遗址大多是断壁残垣，沉淀着历史的沧桑和世态炎凉。

最美季节 / 一年四季
最美看点 / 山门、帕提侬神庙、厄瑞克提翁神庙、雅典娜胜利女神庙
最美搜索 / 希腊

经过几千年的风风雨雨，现在的卫城遗址大多是断壁残垣，沉淀着历史的沧桑和世态炎凉

　　卫城雄踞于雅典市中心一座高150多米的四面陡峭的山丘上，从不同的角度都可以瞻仰它的雄姿。19世纪，考古学家们在这里发现了许多古代遗址，包括道路、水井、墓穴和住宅，证明此处于公元前2800年便有人居住。

　　如今，卫城的残骸与脚下的欣欣向荣的雅典形成最好的古今对照，在这里，你可以真正感受到时空的张力。

　　山门

　　山门是走进卫城入口迎面第一个建筑，

是一座大理石建筑，中间是宽大的门廊，两边是柱廊，通往卫城的圣道即由此开始。

帕提侬神庙

帕提侬神庙是供奉雅典娜女神的主神庙，又称万神殿，神庙用白色大理石砌成，外部呈长方形，庙内设前殿、正殿、后殿。庙底部有三层基座，基座上由46根圆柱组成的柱廊围绕着带墙的长方形内殿。由92块白色大理石饰板组成的中楣饰带上，有描述希腊神话内容的连环浮雕。东西端山花中的雕刻是圆雕，东面表现雅典娜的诞生，西面表现她与海神波塞冬争夺雅典统治权的斗争。帕提侬神庙是希腊全盛时期建筑与雕刻的主要代表，是雅典卫城最著名的建筑，是古希腊建筑艺术的纪念碑，代表了古希腊建筑艺术的最高成就，被称为"神庙中的神庙"，有"希腊国宝"之称。

厄瑞克提翁神庙

厄瑞克提翁神庙位于帕提侬神庙的对面，因其形体复杂和精致完美而著名。它的南立面

的西端，突出一个小型柱廊，用女性雕像作为承重柱，她们束胸长裙，轻盈飘逸，亭亭玉立，是这座神庙最引人注目的地方。

雅典娜胜利女神庙

雅典娜胜利女神庙前后柱廊雕饰精美，是居住在雅典的多利亚人与爱奥尼亚人共同创造的建筑艺术结晶。雅典娜胜利女神庙，前后有4根爱奥尼亚式列柱，内有1尊没有翅膀的雅典娜神像。据说在争战中力求胜利的雅典人，故意将胜利女神翅膀切下，以期常留住胜利的荣光。

卫城位于雅典城中心偏南的一座小山顶的台地上

金字塔 PYRAMID

055

最美理由 /
　　建于 4500 年前的金字塔，是古埃及法老和王后的陵墓，是用巨大石块修砌成的方锥形建筑，迄今为止，埃及已发现大大小小的金字塔 110 座，大多建于埃及古王朝时期，充分证明古埃及人的勤劳和智慧，是研究古代文明的重要依据。

最美季节 / 春季

最美看点 / 大金字塔、哈夫拉金字塔、狮身人面像、门卡乌拉金字塔、太阳船博物馆

最美搜索 / 埃及

金字塔的架构中没有用一根木头与钉子，全部是石块与石块直接垒放

　　走在金字塔大街上，任何一个角度都能看到宏伟的金字塔。走到近前，抬眼望去，胡夫、哈夫拉、门卡乌拉祖孙三代的金字塔连成一线，气势恢宏地耸立在天地之间，显得辉煌大气。最令人称奇的是，金字塔的架构中没有用一根木头与钉子，全部是石块与石块直接垒放，辅以薄浆稳固，却连刀片也无法插入。

大金字塔

　　大金字塔是第四王朝第二个国王胡夫的陵墓，建于公元前 2690 年左右，原高 146.5 米，因年久风化，顶端剥落 10 米，现高 136.5 米；底座每边长 230 多米，三角面斜度 51°，塔底面积 5.29 万平方米；塔身由 230 万块石头砌成，每块石头平均重 2.5 吨。据估计，需

10万人用20年的时间才能建成。

哈夫拉金字塔

哈夫拉金字塔比大金字塔低3米，是胡夫的儿子哈夫拉国王的陵墓，建于公元前2650年，建筑形式更加完美壮观，塔前建有庙宇等附属建筑和著名的狮身人面像。

狮身人面像

狮身人面像面部参照哈夫拉，身体是狮子造型，高22米，长57米，仅一只耳朵就有2米高。整个雕像除狮爪外，全部由一块天然岩石雕成，是世上最大的一座狮身人面像。原来的石像头戴皇冠，额套圣蛇浮雕，颏留长须，脖围项圈。如今巨大的石像已失去了它往昔的宏伟，皇冠和项圈已不见踪影，圣蛇浮雕现存在大英博物馆，胡子也脱落得四分五裂，有两块存放在埃及博物馆。

门卡乌拉金字塔

门卡乌拉金字塔的主人是胡夫的孙子门卡乌拉国王，建于公元前2600年左右。当时正是第四王朝衰落时期，金字塔的建筑也开始衰落。门卡乌拉金字塔的高度突然降到66米，内部结构纷乱。

太阳船博物馆

大金字塔南侧有著名的太阳船博物馆，胡夫的儿子当年用太阳船把胡夫的木乃伊运到金字塔内安葬，然后将船拆开埋于地下。该馆是在出土太阳船的原址上修建的，船体为纯木结构，用绳索捆绑而成。

TIPS

📍 **地址** 金字塔集中分布在尼罗河西岸，开罗西南约13公里的吉萨地区。

📍 **贴士** 金字塔每天晚上有灯光表演，重现当年辉煌，想看的人很多，确定好当天开演时间后尽量早点到场。

狮身人面像面部参照哈夫拉，身体是狮子造型

卡纳克神庙 TEMPLE OF KARNAK　　**056**

最美理由 /
　　卡纳克神庙是地球上最大的用柱子支撑的寺庙。在 5000 多平方米的空间里，134 根石柱分 16 行排列，中央两排每根高达 21 米，直径 3.57 米，柱头为开放的纸草花，可容纳 100 个人在上面站立。形象地比较一下，卡纳克神殿的体量可以装下一个巴黎圣母院，占地超过半个曼哈顿城区。

最美季节 / 春季
最美看点 / 公羊之路、方尖碑、卢克索神殿方尖碑、孟农神像、帝王谷
最美搜索 / 埃及

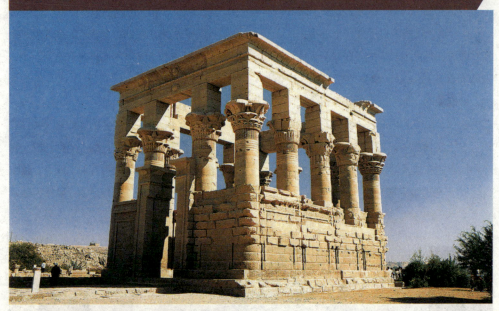

阳光不停变换着石柱的阴影，光斑在柱身上交替位置，正像一部乐曲起伏有序

　　当你在大石柱间行走，身边四通八达的道路，巨大石柱如影随形，规律排列，阳光不停地变换着石柱的阴影，光斑在柱身上交替位置，正像一部乐曲起伏有序。卡纳克神庙无论是石柱、石墙、柱子或石梁上，全部刻满密密麻麻的浮雕，浮雕的内容或是战争，或是巡游狩猎，详细记录了当时的历史和信仰。卡纳克神庙的修建时间纵横 1000 多年，不知历经了多少朝代，今天的考古学家们正试图对神庙进行修缮，但少说也得要再花 100 年。

公羊之路
　　公羊之路是神庙大门口的一条神道，神道两侧各有一排羊头狮身的雕塑，每只羊前都站立着一个小号的拉美西斯二世。

方尖碑
　　在众多巨大石柱的缝隙里，可以看到哈

特舍普苏法老精美的方尖碑，碑的表面完好地记录了哈特舍普苏的丰功伟绩。哈特舍普苏是埃及历史上除埃及艳后克里奥帕特拉外，唯一的女法老，距现在有 3500 多年。女王死后，她的继子竭力抹杀她的功绩，将这座方尖碑用砖砌死，而这反而使方尖碑更好地保存下来。

卢克索神殿方尖碑

卢克索神殿因方尖碑而出名。因为其中一座已于 1836 年移至巴黎的协和广场中心，并被重新放置在一个很高的基座上。基座和方尖碑碑体的图案、文字全部金饰，在夜色巴黎中闪闪发光，美轮美奂。现存于卢克索神殿的这座方尖碑则更多地保留了本色，以古朴的神殿为背景，传达出历史的沉重感。

孟农神像

孟农神像是矗立在尼罗河西岸和帝王谷之间原野上的两座岩石巨像，当地人普遍认为是根据希腊神话中的孟农的形象建造的，故此

TIPS

📍 **地址**　卡纳克神庙位于埃及卢克索以北 5 公里处。

📍 **贴士**　作为文明古国，埃及境内有多个神庙，神庙表面看只有体量和形式的不同，但表象背后却有不同的历史，不同的文化积淀，如果想领略真正的神庙之美，需提前做好文化功课的准备。

得名。神像高 20 米，风化严重，面部已不可辨识。

帝王谷

帝王谷位于离底比斯遗址不远处的一片荒无人烟的石灰岩峡谷中，是一处雄伟的墓葬群，共有 60 多座帝王陵墓，埋葬着埃及第 17 王朝到第二十王朝期间的 64 位法老。其中最大的一座是第十九王朝塞提一世的陵墓，巨大的岩石洞被挖成地下宫殿，墙壁和天花板上布满壁画，装饰华丽。

随着时光流转，朝代更迭，帝王谷早已被盗墓贼洗劫一空

梵蒂冈 VATICAN CITY 057

最美理由 /
梵蒂冈是世界上最小的国家，国土面积只有 0.44 平方公里，总人口不过 1000 多人，却是全球 8 亿多天主教徒的信仰中心。虽然小，但梵蒂冈宫廷、教堂、图书馆、邮局、电台、火车站、飞机场等设施一应俱全。更为难得的是，这里保留了辉煌史迹和诸多艺术家的巨作，进入梵蒂冈，就像回到中世纪。

最美季节 / 5 月
最美看点 / 圣彼得广场、圣彼得大教堂、梵蒂冈宫、梵蒂冈博物馆
最美搜索 / 梵蒂冈

进入梵蒂冈，就像回到中世纪

梵蒂冈的美在于精致与纯粹，精致表现在不大的国家，却步步是景；纯粹表现在这是一个天主教国家，几乎所有的一切都与宗教有关，即使你指着广场上悠闲散步的鸽子，当地人也能告诉你，它们受了宗教什么样的点拨。

圣彼得广场

广场呈椭圆形，长 340 米，宽 240 米，两侧由半圆形大理石柱廊环抱，284 根圆柱和 88 根方柱，分排四列，形成三条走廊，朝向广场的每根石柱顶端的平台上，各有一尊 3.2 米高的大理石圣徒像。广场中央矗立着一座高

26 米的方尖石碑，被称为世界上最对称、最壮丽的广场，是 17 世纪著名建筑大师贝尔尼尼花了 11 年时间建成的杰作。

圣彼得大教堂

圣彼得教堂位于广场的西南面，曾经是全世界最大的教堂。整栋建筑呈十字架的结构，造型传统而神圣。圣彼得教堂不仅外形富丽堂皇，更是一个艺术宝库。大教堂屋顶和四壁都饰有以《圣经》为题材的绘画，不少是名家作品。最著名的雕刻艺术杰作主要有米开朗琪罗 24 岁时的雕塑作品《圣殇》、贝尔尼尼雕制的青铜华盖和贝尔尼尼设计的圣彼得宝座。此外，教堂中央的穹隆拱顶是米开朗琪罗设计的，双重结构，周长 71 米，游客可以乘电梯登顶俯瞰罗马全城。

梵蒂冈宫

梵蒂冈宫位于圣彼得广场对面，自 14 世纪以来一直是历代教皇的定居之处，宫内有举世闻名的西斯廷小教堂，过去一直是教皇私人用的经堂。西斯廷教堂的天花板和墙壁上保存有米开朗琪罗花费 4 年时间绘制的著名壁画《创世记》和《最后的审判》。

梵蒂冈博物馆

博物馆位于圣彼得教堂北面，占地约 5.5 万平方米，建于 5 世纪末，早期为教皇的一座宫廷，后来改成综合性博物馆，拥有 12 个陈列馆和 5 条艺术长廊，汇集了希腊和罗马的古代遗物以及文艺复兴时期的艺术精华，收藏有文艺复兴时期三大艺术大师之一的拉斐尔艺术珍品及其他名家的原作，属于无价之宝。

TIPS

📍 **地址** 位于意大利首都罗马西北角呈三角形的高地上。

📍 **贴士** 为了表达对这座上帝之城神圣的敬意，梵蒂冈禁止游客或当地居民穿着露出膝盖以上部位的服装。

博物馆汇集了希腊和罗马的古代遗物以及文艺复兴时期的艺术精华

古罗马竞技场 ROME COLOSSEUM 058

最美理由 /
　　去罗马一定要参观古罗马竞技场，就像来中国一定要登长城一样。古罗马竞技场是遗存至今的古罗马建筑最杰出的代表，已经成为古罗马帝国的象征。2000 多年的风霜雨雪和战争洗礼为这座伟大的建筑增添了历史感，尽管高耸的围墙已经破损，尽管舞台和座席已经破败，置身其中，仍会马上被吸入历史的洪流，在地动山摇的呐喊声中回到鼎盛的罗马帝国。

最美季节 / 4 ~ 7 月

最美看点 / 君士坦丁凯旋门、特莱维喷泉、真理之口、卡拉卡拉大浴场

最美搜索 / 意大利

2000 多年的风霜雨雪和战争洗礼为这座伟大的建筑增添了历史感

　　古罗马竞技场从外观上看呈正圆形，俯瞰呈椭圆形。占地面积约 2 万平方米，大直径为 188 米，小直径为 156 米，圆周长 527 米，围墙高 57 米，可以容纳观众 8.7 万人。围墙共分 4 层，前 3 层均有半露圆柱式装饰，每两根半露圆柱之间有一长方形拱门，3 层共计 80 个拱门，每个拱门相连一个通道。第四层装饰比较简单，仅由长方形的窗户和长方形半露方

柱构成，上方有天棚，可以用来遮阳。竞技场的内部是阶梯状看台，按照身份不同有不同的座位安排。第一层是为皇室、贵族和骑士阶层设立的座位；第二层是市民席；第三层为平民区；第三层上面还有一层是专门为妇女准备的木质座椅；再往上，有一个可供观众随意站立观看表演的平台。皇室与普通观众分走不同的门入场，相比而言，皇室的门要宽得多。竞技场中央是椭圆形的角斗场，大约 86 米长，63 米宽。斗兽、竞技、赛马、歌舞、阅兵和演戏都在这里进行。据说当年为观赏水战，可以引湖水进场。

君士坦丁凯旋门

凯旋门位于古罗马竞技场旁边，有三个拱门，为纪念君士坦丁大帝在 312 年打败一起执政的马森奇奥而建造的。凯旋门装饰繁多。

特莱维喷泉

特莱维喷泉又称"许愿池"，是罗马最后一件巴洛克式杰作。喷泉的装饰花了 30 年时间完成，以波里侯爵府的一面后墙作背景，中间是海神尼普顿指引两个水神驾驭两匹带翼的

海马，一只难以驯服，另一只温顺安详，以此象征着大海的两面性。两侧的女神分别代表"富足"和"健康"。

真理之口

"真理之口"在科斯梅迪圣母教堂走廊的墙上，是个有着海神头像雕刻的出水口，传说撒谎的人如果将手放进去就会被咬住，这个传说因电影《罗马假日》而声名远播。

卡拉卡拉大浴场

卡拉卡拉大浴场建于 206 年，217 年在卡拉卡拉统治时期完成，是当时最大的浴场之一，可容纳 1500 人，也是古罗马人的一个社交场所，里面不仅提供洗浴设施，还有图书馆、会议室、演讲厅和艺术走廊等。

巴尔米拉 PALMYRA   **059**

最美理由 /

　　位于"丝绸之路"上的巴尔米拉地处 1~2 世纪几种文化的交汇处，呈现出多元化的特点，艺术和建筑既有古希腊、古罗马的恢宏大气，又有本地传统和波斯文化的神秘与华丽。在巴尔米拉 6 平方公里的遗址之上，矗立着宏伟的塔楼、壁垒、墓穴、神庙，在茫茫大漠中散发出诱惑的气息。

最美季节 / 一年四季

最美看点 / 贝尔神庙、巴尔米拉大街、天廊水道、柱廊街、地下墓室、塔德木尔博物馆

最美搜索 / 叙利亚

位于叙利亚中部广阔的沙漠中的巴尔米拉遗址，是叙利亚境内"丝绸之路"上的著名古城

位于叙利亚中部广阔的沙漠中的巴尔米拉遗址，是叙利亚境内"丝绸之路"上的著名古城，曾是繁荣的商业和文化中心，簇拥的石块、耸立的圆柱、全长1600米的柱廊虽然已经残缺不全，但从中仍然可以看出当年巴尔米拉城的宏伟气势。巴尔米拉的美还源于它曾是一位女王统治的城市，作为埃及艳后的后裔，扎努比亚女王凭借自己的智慧与勇气一度以巴尔米拉为中心，将势力扩张到整个叙利亚。

贝尔神庙

古城南部耸立着雄伟的贝尔神庙，神庙建于公元32年，神庙的3座殿堂呈U形分布，围成一座广场，神庙正面有扶墙柱，长方形窗户上方有三角形装饰，15米高的圆柱环绕在神殿四周。

巴尔米拉大街

巴尔米拉大街建于2世纪哈德良皇帝统治时期，全长1600米，石方铺面。

天廊水道

天廊水道与巴尔米拉大街并行，一根根间隔10米的浮雕石柱，横托起沉重的青石水槽，槽下柱顶处嵌着华灯油座，石槽横悬在10米高空，相连成一条巨龙，卧在蓝天白云里。

柱廊街

柱廊街贯穿古城东西，长1.2公里，可追溯到2~3世纪。路面11米宽，两侧有6米宽辅路，全长1600米的柱廊虽然已经残缺不全，但从中仍然可以看出当年巴尔米拉城的宏伟气势。

地下墓室

庞大的地下墓室可同时容纳200多人，必须走过分成几段的阶梯方可进入。这座地下墓室已在大马士革博物馆内重建，古代墓室内摆设的死者半身塑像目前陈列在世界几个博物馆内。

塔德木尔博物馆

博物馆里陈列着巴尔米拉出土的各种文物，包括古罗马和希腊神像、凿花拱门顶椽石、历代碑碣、木乃伊棺柩和金银首饰等。这里还有古巴尔米拉人生活复原模型，其中有游牧民和帐篷，有土著人纺织驼毛的情景和茅屋用具等。

TIPS

📍 **地址** 巴尔米拉位于大马士革东北215公里，幼发拉底河西南120公里处。

📍 **贴士** 叙利亚交通秩序一般，如果你选择自驾参观古城，一定要注意，当地司机遵守交通规则意识较差，特别是转向时，很少开转向灯，多数情况下打手势，因此易发生交通事故。

吴哥窟 ANGKOR WAT 060

最美理由/

21 世纪初热映的两部电影《花样年华》和《古墓丽影》，成了吴哥窟最好的旅游广告，很多人对柬埔寨这个国家没有多少概念，却对梁朝伟伸下爱情秘密的吴哥树洞和闪过劳拉身影的塔布隆神庙心生向往。于是，作为与中国长城、埃及金字塔齐名的"世界奇迹"，吴哥窟也成了"一生必游之地"。其实，不管你

之前看过多少形容吴哥的文字，不管你看过多少关于吴哥的影像，只有当你真正站在它的脚下，你才会明白什么叫震撼。

最美季节/ 10 月～次年 3 月
最美看点/ 吴哥窟、巴肯山、女王宫、高布斯滨、暹粒
最美搜索/ 柬埔寨

不管你看过多少关于吴哥的影像，只有当你真正站在它的脚下，你才会明白什么叫震撼

因为长期湮没在热带丛林中，吴哥的建筑得以最大限度地保存原貌，展示了"从 9 世纪到 15 世纪高棉王国各个首都的辉煌遗迹"。吴哥景区按旅游线路分为大吴哥、小吴哥和远线景点 3 块。小吴哥包括吴哥窟、通王城、巴戎寺、塔布隆寺和一些小型寺庙；大吴哥包括圣剑寺、龙盘水池、东梅奔、比粒寺等；远线景点指女王宫、高布斯滨、奔密列等距离 25 公里以上的景点，有别于大小吴哥的独特味道。

吴哥窟

吴哥窟位于柬埔寨西北方，是吴哥古迹中保存得最完好的庙宇，以建筑宏伟与浮雕细致闻名于世，也是世界上最大的庙宇之一。以

三座塔尖的形象为人广识。

巴肯山

巴肯山是吴哥古迹群内的一座小山丘，高 67 米，可以俯瞰吴哥全景，以观赏日出日落的最佳地点而闻名。

女王宫

距离吴哥 25 公里，以朱色砂岩构成，充满精致的浮雕，规模与尺寸较其他吴哥古迹的建筑为小，被称为"女人的城堡"。

高布斯滨

与参观吴哥其他景点相比，探访高布斯滨的过程更像在热带雨林里探险，要手脚并用，避开古藤和水坑。因为人迹罕至，这里的蝴蝶不怕人，它们经常长时间停留在游客的身上。最吸引人的还是没在水中的石刻和神像，只有亲身前往，才能领略它的壮美与神秘。

TIPS

⊙ **地址** 吴哥窟位于柬埔寨西北方，距离金边 5 小时车程。

⊙ **贴士** 柬埔寨境内交通还是比较方便的，从金边到暹粒有航班直达，如果想感受真实的柬埔寨，建议与当地人一起坐长途大巴或游艇前往，这样，旅途本身就会有很多感悟、收获。另外，在吴哥旅游，不用担心语言问题，因为常年与世界各地旅行者打交道，吴哥人的语言能力非常强，而且还有丰富的肢体语言做辅助。最后，防晒、防虫很重要。

暹粒

暹粒是参观吴哥古迹唯一和重要的停留地，郊区的村落以排屋式分布，并与城市中心连成一片。在市中心，有不同档次、不同风格的酒店、客栈和餐厅，世界各地的美味都可以在这里找到。白天赏吴哥，晚上游暹粒，已经成了吴哥之旅的不二之选。

这里的台阶陡峭，需要手脚并用地爬上去。这寓意着人们到达天堂需要经历许多艰辛

泰姬陵 TAJ MAHAL

061

最美理由 /
　　因为泰姬陵，很多人有了去印度的理由。不同于罗马建筑的恢宏气魄，也不同于中东建筑的妖艳神秘，泰姬陵融合不同建筑风格为一体，通体由大理石建成，布局单纯，构图简约，线条流畅。与外面的美丽相比，更美丽的是泰姬陵背后的那段爱情故事。

最美季节 / 10 月 ~ 次年 3 月
最美看点 / 泰姬陵的爱情故事、莫卧儿式花园、陵墓主体、清真寺
最美搜索 / 印度

与外面的美丽相比，更美丽的是泰姬陵背后的那段爱情故事

泰姬陵是莫卧儿帝国的沙杰汗王爱妃泰姬玛哈的陵墓，建于 1631 年，动用 2 万人费时 22 年才建造完成。如今的泰姬陵吸引着数以百万计的世界游客来此参观，脱鞋走上光滑洁白的大理石台阶到达基座，走进寝宫，对着泰姬的墓碑遥想莫卧儿王朝的兴衰，鸿篇巨制，过眼云烟。不可回避的问题是，由于周围工厂排放大量有毒气体导致酸雨过多，原本洁白的泰姬陵近年来开始出现黄斑，如何科学地保护泰姬陵已经成了一个必须要解决的问题。

TIPS

📍 **地址** 泰姬陵位于新德里200多公里外的北方邦的阿格拉城内，亚穆纳河右岸

📍 **贴士** 不同时段，可以看到不同的泰姬陵，所以，聪明的管理者也为不同时段的游客准备了不同价位的门票，如果你欣赏朝阳或晚霞中的泰姬陵，这时候的一瞥可是最值钱的。

泰姬陵的爱情故事

泰姬陵是莫卧儿王朝帝王沙杰汗为爱妃泰姬玛哈所造，当年沙杰汗听闻爱妃先他而去的消息后，一夜白头。为纪念泰姬，不爱江山爱美人的国王倾举国之力，耗无数钱财，修建了这座晶莹剔透的泰姬陵。国王本想在河对面再为自己造一个一模一样的黑色陵墓，中间用半边白色、半边黑色的大理石桥连接，与爱妃相对而眠。谁知泰姬陵刚完工不久，皇廷政变，国王也被囚禁。不过庆幸的是，国王死后得以与泰姬同葬。

莫卧儿式花园

此花园是一个典型的波斯式花园，位于泰姬陵主体前方，中央有一水道喷泉，可以清晰地看到泰姬陵的倒影。两行并排的树木把花园划分成 4 个同样大小的长方形，因为"4"字在伊斯兰教中有着神圣与平和的意思。在花园中与不远处的泰姬陵拍照留影是每个游客必做的动作。

陵墓主体

泰姬陵最引人注目的是用纯白大理石砌建而成的主体建筑，皇陵上下左右工整对称，中央圆顶高 62 米，令人叹为观止。四周有四座高约 41 米的尖塔，塔与塔之间耸立着镶满 35 种不同类型的半宝石的墓碑。陵园占地 17 公顷，为一略呈长形的圈子，四周围以红砂石墙，进口大门也用红岩砌建，大约两层高，门顶的背面各有 11 个典型的白色圆锥形小塔。大门一直通往沙杰汗王和王妃的下葬室，室的中央摆放了他们的石棺，庄严肃穆。

清真寺

在主体两旁各有一座清真寺，以红砂岩建筑而成，顶部是典型的白色圆顶，这两座清真寺的主要作用是维持整座泰姬陵建筑的平衡效果，以达到对称之美。

玛雅遗址 MAYAN RUINS　062

最美理由 /
　　玛雅文明是美洲古代印第安文明的杰出代表，以印第安玛雅人而得名。在欧洲还处在黑暗时期的时候，玛雅的居民已经可以描绘出太空的样子，演变出象形文字系统，掌握了数学，发明了历法，并且凭借人力修建起巨大而且完美的城市。而当这一切尚在鼎盛时，玛雅文明又骤然消失。
最美季节 / 一年四季
最美看点 / 庙宇、球场、祭坛、象形石碑群
最美搜索 / 美洲

库库尔坎金字塔四面共 364 级台阶，再加上塔顶平台，不多不少，365 级，这正是一年的天数

　　在墨西哥、危地马拉、伯利兹和洪都拉斯等地都有可参观的玛雅古迹。其中，墨西哥部分就是奇琴伊察玛雅城邦遗址。奇琴伊察玛雅城邦遗址位于墨西哥尤卡坦半岛北部，是玛雅古国最大、最繁华的城邦，主要古迹有库库尔坎金字塔、千柱广场和武士庙等。

　　洪都拉斯的科潘玛雅遗址的核心部分是宗教建筑，主要有金字塔祭坛、中心广场、庙宇、石阶、石碑和雕刻等。土石砌成的平台之上，雄踞着大金字塔在内的最重要的建筑，小金字塔、庙宇、院落及其他建筑则散布于大金字塔的周围。外围是 16 组居民住房的遗址。国王及其亲属居住在自己城市中心的王宫里，身边聚集着大臣和奴仆。贵族、教士、玛雅祭

司、部落首领、商人及一般平民的住房按照位置的重要与否依次排列。

庙宇

科潘玛雅遗址共有 6 座庙宇，其中一座庙宇矗立在小丘上，台阶上竖立着巨大的代表太阳神的头像，上面有金星的雕饰。另一座庙宇台阶上有两个狮头人身像，嘴里叼着一条蛇，一只手攥着几条蛇，另一只手握着一把象征雨神的火炬。一个个巨大的、神态各异的人头石像耸立在山坡和庙宇台阶上，据说这是玛雅人的第一位祭司、玛雅象形文字和日历的发明者伊特桑纳。

球场

科潘玛雅遗址有座面积约 300 平方米的长方形球场，球场的四面有高高的、呈斜坡状的看台，四周围墙环绕。球场的地面铺着石砖，两边各有一个坡度较大的平台。据考证，玛雅人在举行祭祀仪式时，要进行球赛，以选拔部落中的勇士。

祭坛

在广场的山丘上，还有一座被称为"象

形文字的阶梯"的祭坛阶梯，共有 63 级台阶，高约 30 米，宽 10 米，坡度为 60°。它由 2500 块方石垒成，方石上刻着花纹及象形文字，每隔 12 米立有一个人头雕像。石阶两侧雕刻着两条倒悬着的花斑大蟒蛇。

象形石碑群

在广场的中央，有两座有地道相通、分别祭太阳神和月亮神的庙宇，各长 30 米、宽 10 米。墙壁和门框中有丰富多彩的人像浮雕。在两座庙宇之间的空地上，耸立着 14 块石碑，上面刻满了具有象征意义的雕刻和数以千计的象形文字。据考证，这些石碑建于 613 ~ 783 年之间，所有的石碑均由整块的石头雕刻而成，高低不一。

玛雅遗址主要分布在墨西哥南部、危地马拉、伯利兹以及洪都拉斯和萨尔瓦多西部地区

马丘比丘 MACHU PICCHU 063

最美理由 /
　　隐在高山云端的马丘比丘古城是一座"失落的印加城市"，它在海拔约 2350 米的山脊上，俯瞰乌鲁班巴河谷风云变幻，在热带丛林的包围中，孤独地坚守着前哥伦布时期的印加遗迹。同大多数历史遗迹面临的困境一样，马丘比丘因被发现而重获新生，而这种新生可能又将加速另一种灭亡。

最美季节 / 5~9 月
最美看点 / 拴日石、马丘比丘古庙、库斯科
最美搜索 / 秘鲁

马丘比丘在海拔约 2350 米的山脊上，俯瞰乌鲁班巴河谷风云变幻

　　马丘比丘古城大致在 15 世纪中后叶由印加王帕查库提所建，城中宫殿、神庙、祭坛、广场、街道、水道、监狱、仓库等一应俱全，因为被人遗忘在高山之巅数百年，所以一切都还保留着当初的模样。整个遗迹由约 140 个建筑物组成，包括庙宇、避难所、公园和居住区。此外，还有 100 多处阶梯，每处由一整块巨大的花岗岩凿成。同时被发现的还有大量的水池，互相由穿凿石头制成的沟渠和下水道联系，通往原先的灌溉系统。马丘比丘的旅游业日渐昌盛，但这同时也为古城的保护带来难题。

拴日石

它是一块精心雕刻过的怪异巨石，据说是印加人每年冬至的太阳节时为祈祷太阳重新回来，会象征性地把太阳拴在巨石上。

马丘比丘古庙

马丘比丘古庙可能是印加帝国全盛时期最辉煌的城市建筑，古庙矗立在安第斯山脉东边的斜坡上，环绕着亚马孙河上游的盆地，巨大的城墙、台阶、扶手都像是在悬崖绝壁自然形成的一样。

库斯科

库斯科是秘鲁南部著名古城，古印加帝国首都，以印加古迹闻名。"库斯科"在克丘亚语中意为"世界的中心"。库斯科城是灿烂的古印加文化的摇篮。因西班牙殖民者入侵后修建了大批屋舍，两种建筑风格融合，被誉为西班牙—印加的独特建筑方式。中心是武装部队广场，正中耸立着一位印第安人的全身雕像，四周有西班牙式的拱廊和四座天主教堂。几条狭窄的石铺街道呈放射形通向四周，街道两旁仍矗立着用土坯建造的尖顶茅屋，其中许多石头房基还是古印加帝国的遗物。广场东北，有五间大厅的太阳庙建于高耸的金字塔顶。还有月亮神庙和星神庙。广场东南，有对峙的太阳女神大厦和蛇神殿的墙壁遗迹。广场西南方，有一较小的欢庆广场，印加人昔称为"库西帕塔"，是欢庆帝国军队凯旋归来的场所。两个广场附近有考古博物馆，展出印加

帝国时期遗留的陶器、纺织品、金银器皿和雕刻碎片等。距库斯科城 1.5 公里的 300 米高处，有世界闻名的举行"太阳祭"的萨克萨瓦曼圆形古堡。

隐在高山云端的马丘比丘古城是一座"失落的印加城市"

耶稣山 JESUS HILL 064

最美理由 /

　　里约热内卢的耶稣山，海拔 704 米，是观光里约热内卢的最理想之地，这里本身风光秀丽，绿树葱茏，但最吸引游人的还是那尊巨型的耶稣像，它无数次出现在里约的宣传片中，已经成了里约甚至是巴西的象征。在里约的任何一个角落都可以看到这尊塑像，用一位巴西人的话说，整个里约因为沉浸在耶稣的目光里而幸福着。

最美季节 / 2 月中下旬、6、7 月

最美看点 / 里约大教堂、里约热内卢、科帕卡巴纳海滩、巴西国立博物馆、桑巴舞

最美搜索 / 里约热内卢

整个里约因为沉浸在耶稣的目光里而幸福着

耶稣山因耶稣像而著名，耶稣像是站立姿态，两手向两旁平伸开，从远方望去，像挂在天上的一个巨型十字架。耶稣像下是一个小教堂，供虔诚的教徒祈祷。耶稣像线条明朗，丰姿绰约，呈浅绿色。它总高 38 米，头部长 3.75 米，手长 3.20 米，两手相距 28 米，身上衣袖宽度为 5 米；雕像头重 30 吨，手重 8 吨，总重量为 205 吨，是世界上最有名的巨型雕塑珍品之一。巴西是一个信奉天主教的国家，全国有 90% 以上的人都笃信天主教。在教徒们看来，这座耶稣的巨型雕像正是为普天下劳苦大众而献身的"救世主"的化身。

里约大教堂

里约大教堂呈圆锥形，外观造型与传统意义上的教堂大相径庭，倒有点像现代派建筑。大教堂直径 106 米，周身全是窗户结构，采光性能非常好，教堂内顶做成十字架形状，彩色玻璃镶嵌，非常别致。

里约热内卢

里约热内卢是巴西第二大城市，拥有世界上最好的海滩和阳光，也是世界知名的"狂欢节之都"，许多信奉基督教的国家都有狂欢节，但论规模之大、参加者之众、内容之丰富、气氛之热烈，要首推巴西，而在巴西各大城市中，又首推里约热内卢。

TIPS

📍 **地址**　耶稣山位于里约热内卢最著名的科帕卡巴纳海滩附近。

📍 **贴士**　巴西治安不好，保管好你的钱包和证件。

科帕卡巴纳海滩

科帕卡巴纳海滩呈新月形，宽达百余米，长达 8 公里。紧挨着海滩的道路一侧布满酒店、餐馆、公寓、商务办公楼等，一律面向大西洋。海滩的沙粒松软细小，洁白如雪，成群走过的比基尼美女是科帕卡巴纳海滩最富特色的风景，科帕卡巴纳海滩也因此被誉为世界上最青春的海滩。

巴西国立博物馆

巴西国立博物馆是原巴西皇宫，馆藏以南美地区的考古、民俗资料齐全而著名。此外，大厅内还展示了一颗世界最大的陨石。

桑巴舞

桑巴舞被称为巴西的"国舞"。在拉美这个最大的国度，不分男女老幼都会跳，而且经常跳。每年的 2 月中下旬，巴西会举国欢腾三天三夜庆祝狂欢节。这时，里约热内卢的大街小巷张灯结彩、彩旗飞扬，男女老少浓妆艳抹，尽情地扭动腰肢，挥动双手，大秀桑巴舞技。

佩特拉 PETRA　　　　　　　　　　　　　　065

最美理由 /
　　正如一些好莱坞电影中刻画的那样，穿过一条狭窄且危险的峡谷，一座精美绝伦的宫殿出现在眼前。在现实中，这座宫殿所在地就是佩特拉。佩特拉城就像一个巨大的巢穴开凿在灼热的岩壁上。依山崖而建的佩特拉古城，是建筑史上的一个奇迹。

最美季节 / 10 月～次年 5 月
最美看点 / 卡兹尼宫殿、代尔、西克峡谷、女儿宫
最美搜索 / 约旦

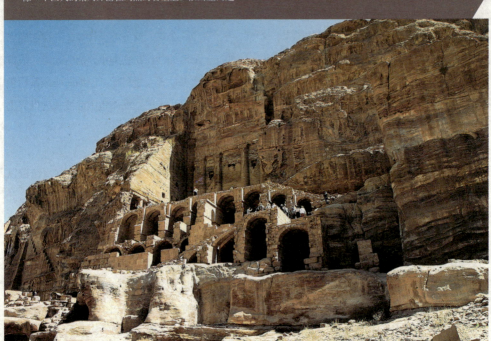

佩特拉城就像一个巨大的巢穴开凿在灼热的岩壁上

　　佩特拉古城位于干燥的海拔 1000 米的高山上，处于与世隔绝的深山峡谷中，几乎全在整块的岩石上雕刻而成，周围悬崖绝壁环绕。古城中有一座能容纳 2000 多人的罗马式的露天剧场，舞台和观众席都是从岩石中雕凿出来的。佩特拉古城反映了纳巴泰王国 500 年繁荣时期的历史，古城多数建筑保留了罗马宫殿式的风格，表明古纳巴泰人曾受到罗马文化的影响。3 世纪以后，佩特拉城逐渐趋向衰落，之后沉入历史长河。

卡兹尼宫殿

　　卡兹尼宫殿建于纪元初年，具有典型的古希腊后期古典式建筑风格，这是一座在岩石中建成的巨型建筑，正面宽 27 米，高 40 米，

入口高达 8 米,整个殿门分两层;下层有两根罗马式的石柱,高 10 余米,门檐和横梁都雕有精细的图案。殿门上的约 3 个石龛中,分别雕有天使、圣母以及带有翅膀的战士的石像。宫殿中有正殿和侧殿,石壁上还留有原始壁画。

TIPS

📍 **地址** 位于约旦安曼南 250 公里处,隐藏在一条连接死海和阿卡巴海峡的狭窄的峡谷内。

代尔

从佩特拉中部出发经半小时的山路便到达代尔。代尔是重要的进行宗教庆祝活动的场所。在一片人造的高地上有两块方尖碑,山腰再往上是另一块被夷平的土地,约 61 米长,18 米宽,用于举行祭祀仪式。

西克峡谷

西克峡谷是通往佩特拉的必经之路,深近 70 米。这条天然通道蜿蜒深入,直达山腰的岩石要塞,转过这段峡谷,世上最令人惊叹的建筑就呈现在眼前。

女儿宫

女儿宫是古城山脚下有一座具有拜占庭风格的古庙建筑。传说当年城市缺乏水源,国王下令如有人能引水入城,愿以公主相许。后有一位建筑师从谷外的穆萨村,劈山筑渠,引水入城,国王便将公主下嫁给他,现在峡谷进口处石壁左边的水槽,即是当年的引水处。

依山雕凿的殿堂——卡兹尼,意为"金库"

巨石阵 STONE HENGE   **066**

最美理由 /
　　巨石阵素来被认为是英国最神秘的地方之一，关于它的用途，到现在还没有定论，巨石阵也就成了最好的冥想宇宙万物关系的好地方。这个巨大的石建筑群位于一个空旷的原野上，占地大约 11 公顷，主要是由许多整块的蓝砂岩组成，每块约重 50 吨。巨石阵不仅在建筑学史上具有重要的地位，在天文学上也同样有着重大的意义：每年夏至这天，太阳升起的位置恰好与一块名为"黑尔"的石头排列成一条直线。因此，每年夏至这一天，来自世界各地的人们都会聚集在巨石阵周围等待日出，迎接"夏至"。

最美季节 / 春季和秋季
最美看点 / 索尔兹伯里小城、索尔兹伯里大教堂、阿文河、巴斯
最美搜索 / 英国

关于巨石阵的作用，有的说是王室墓地，有的说是外星飞碟基地，有的说是祭祀场所，还有的说是朝圣者的康复中心

　　巨石阵的主体由几十块巨大的石柱组成，这些石柱排成几个完整的同心圆，巨石阵的外围是直径约 90 米的环形土沟与土岗，内侧紧挨着 56 个圆形坑，这些坑是由英国考古学家约翰·奥布里发现的，又叫"奥布里坑"。根据考古学家们的结论，"巨石阵"分三个阶段建造而成。第一阶段建成的只是一个圆形土垒，早在 5000 年前已开始使用；第二阶段是

以木料建成，使用时间在 4900~4600 年前间；第三阶段是用石料建成的，约在 4500~4000 年前间完成了我们今天所见到的"史前建筑物"——巨石阵。关于巨石阵的作用，有的说是王室墓地，有的说是外星飞碟基地，有的说是祭祀场所，还有的说是朝圣者的康复中心。到底哪一种说法最正确，还留待历史给出正确答案。

索尔兹伯里小城

索尔兹伯里是英格兰南部威尔特郡具有中世纪风貌的小城，城内有全英国最高的天主教堂，城外不远的原野上耸立着著名的史前巨石阵。

索尔兹伯里大教堂

索尔兹伯里大教堂位于英国最大的中世纪教堂建筑群内，建于 1220~1258 年，用了 38 年的时间修建而成。除了以英格兰最高的尖塔教堂而著名，这里还保存有欧洲最古老的工作钟，至今这个古老的大钟仍在勤劳地工作着。教堂内有四部《英国大宪章》中原稿的一部。

TIPS

📍 **地址** 位于英格兰威尔特郡索尔兹伯里平原。

📍 **贴士** 没有任何火车直接到巨石阵，自驾是很不错的方法。绝大多数人是从巴斯到巨石阵的。

阿文河

阿文河发源于英格兰威尔特夏迪韦齐斯东 5 公里皮尤西谷的北侧，南流 77 公里注入英吉利海峡。流域面积 2932 平方公里。阿文河从阿佩文向南蜿蜒流至索尔兹伯里，峡谷中有许多村庄和古居民点遗迹。阿文河最终注入英吉利海峡。

巴斯

位于英格兰埃文郡东部的小城巴斯是英国唯一列为世界文化遗产的城市。巴斯小巧玲珑，人口仅 10 万余人。流经几个郡的阿文河缓缓从市中心穿过，河的两岸是依坡而建的小城，巴斯的建筑继承了古罗马风格，更多的是后哥特式风格，建筑学上称为新经典主义，这一新风格为英国所特有，且源头在巴斯，至今保存得最完整。

婆罗浮屠 BOROBUDUR 067

最美理由 /
　　号称"南半球最大、最古老和最壮观古迹"的婆罗浮屠，是建在"山丘上的佛寺"，黑色火山岩砌成的佛塔层级分明，佛塔塔身和各层基座围墙刻着的1000多幅浮雕，描绘了释迦牟尼成佛之前的生活经历。这座宏伟瑰丽的佛教艺术建筑，与中国的长城、印度的泰姬陵、柬埔寨的吴哥古迹和埃及的金字塔齐名，被世人誉为古代东方的五大奇迹。

最美季节 / 夏季
最美看点 / 日惹、日惹王宫、巴兰班南寺庙
最美搜索 / 印度尼西亚

佛塔塔身和各层基座围墙刻着的1000多幅浮雕，描绘了释迦牟尼成佛之前的生活经历

婆罗浮屠是实心的佛塔，没有门窗，也没有梁柱，约用 200 万块石头建造而成，从形制和体量看，它均不及金字塔或马丘比丘那样的遗迹来得震撼，但是，作为佛教遗存，它自有其独特价值。塔的建筑形式体现大乘和密宗教义的结合，整个建筑物犹如一个巨大的曼荼罗。按照佛教解释，塔的下部四方形平台表示"地界"，上部圆形平台表示"天界"。"地界"各层共建有石壁佛龛 432 个，每座佛龛内有一莲座及盘足跌坐的佛像。"天界"各层建有 72 个钟形小塔，每个小塔内供奉一尊成人大小的盘坐佛像，形状别致，设计巧妙。佛像按东、南、西、北、中不同方位，分别作出"指地""施与""禅定""无畏""转法轮"等各种手姿，而且佛像的面部神情以及手指、手掌、手臂等各部也是千姿百态，工艺精巧传神。整个建筑物共有大小佛像 505 尊，是当时世界上最大的佛教建筑之一。

日惹

日惹是印度尼西亚古城，日惹特别自治区首府。位于中爪哇南部，城市面积 32.5 平方公里，人口约 43 万，是印度尼西亚重要的文化、教育中心，展示爪哇传统文化的窗口，也是著名的旅游胜地，拥有举世闻名的婆罗浮屠等名胜古迹。

日惹王宫

日惹王宫是一座已有近 250 年历史的故宫，位于日惹市中心，建成于 1756 年，该王宫的独特之处是，印度尼西亚独立后政府允许原王族一家继续住在宫内，宫中所用仆人仍着古时服装。

巴兰班南寺庙

巴兰班南寺庙位于日惹东北 16 公里处。是一座印度教寺庙，拥有 8 座主殿，周围有 250 个小型殿。几乎所有的寺庙墙壁上都带有精美的雕刻，讲述了印度教主神之一的毗湿奴，印度猴神以及其他诸神的传说。尽管它不是印度尼西亚最大的寺庙，但是巴兰班南寺庙以其美丽和优雅闻名于世。

TIPS

📍 **地址** 婆罗浮屠位于印度尼西亚爪哇岛中部马吉冷婆罗浮屠村，在默拉皮火山山麓一个长 123 米、宽 113 米、呈矩形的小山丘上。

📍 **贴士** 印度尼西亚经常发生海啸、地震、火山爆发等自然灾害，同时，也不定期出现针对外国人的绑架事件，去印度尼西亚前要多注意相关信息，增强安全意识。

长城 THE GREAT WALL 068

最美理由 /
　　"不到长城非好汉"，长城已经成了东方、中国的标志，其深层的文化意味超越了建筑本身，更多地寄托了中国人自我身份认定的强烈意识，尤其在全球化的今天，长城挺拔、雄伟的形象更与中国大国崛起的民族思潮相吻合，到长城旅游，与其说是观景，不如说是寻找一颗中国心。

最美季节 / 秋季
最美看点 / 八达岭、好汉坡、嘉峪关、居庸关、司马台、宁夏古长城
最美搜索 / 中国

到长城旅游，与其说是观景，不如说是寻找一颗中国心

　　长城的修建体现了中国人民顽强奋斗的精神，雄踞中国北方的长城，在战时充当屏障，为阻挡外敌入侵立下汗马之功。和平年代，长城警示人们不忘过去，它像一条巨龙，翻越巍巍群山，穿过茫茫草原，跨过浩瀚沙漠，奔向苍茫大海。现在新疆、甘肃、宁夏、陕西、内蒙古、山西、河北、北京、天津、辽宁、吉林、黑龙江、河南、山东、湖北、湖南等省、市、自治区都有古长城、烽火台的遗迹。

八达岭

八达岭长城建于明代，是长城保存最完整的一段，墙体由巨大整齐的条石筑成外壁，城上有砖砌女墙和垛口，每隔 0.5~1 里，设有敌楼、烽火台。八达岭长城现为游览胜地，也是全国重点文物保护单位。

好汉坡

好汉坡是八达岭长城的一段陡坡，海拔868 米，立有"不到长城非好汉"石碑。

嘉峪关

嘉峪关是明代万里长城的西端起点，是明代长城沿线建造规模最为壮观，保存程度最为完好的一座古代军事城堡，是明朝及其后期各代，长城沿线的重要军事要塞，素有"中外拒防""河西第一隘口"之称。

居庸关

居庸关位于北京昌平郊区的峡谷中，这里山峦起伏，山花遍野，既有陡峭的长城，又有雄伟的关隘，历代文人墨客留下了许多赞咏的诗篇，乾隆皇帝也在此御笔亲题"居庸叠翠"四字，成为著名的"燕山八景"之首。

司马台

司马台长城全长 5.4 公里，有敌楼 35 座，是至今仍保留长城原貌的一段古长城。集万里长城"险、密、全、巧、奇"众多特色于一身，是一段"奇妙的长城"。

宁夏古长城

宁夏境内的长城，从战国开始，经过秦、汉、隋、明数朝的不断修筑，总长度达 1500公里，有"中国长城博物馆"之称。在宁夏境内，战国秦长城全长约有 200 公里，是宁夏境

内最古老的长城，但由于保护不慎，古长城已经遭到不同程度的破坏，亟须投入人力进行保护。

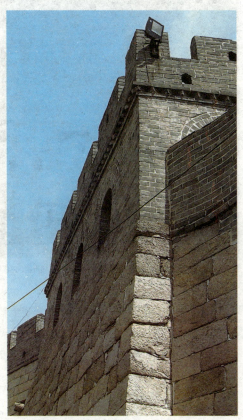

长城的修建体现了中国人民顽强奋斗的精神

敦煌 DUNHUANG

069

最美理由 /

大漠、驼铃、清泉、石窟、壁画、雕塑，这些词集合起来就是敦煌。作为丝绸之路几条分支的交会处，这个边关要塞保留了不同风格、不同时期的文明。在敦煌，人类活动的足迹可以追溯到原始社会末期，历经了 5000 年风雨洗礼，这里文化灿烂，古迹遍布，被称为"东方艺术宝库"。

最美季节 / 7、8 月

最美看点 / 莫高窟、鸣沙山、月牙泉、雅丹地貌、敦煌古城

最美搜索 / 中国甘肃

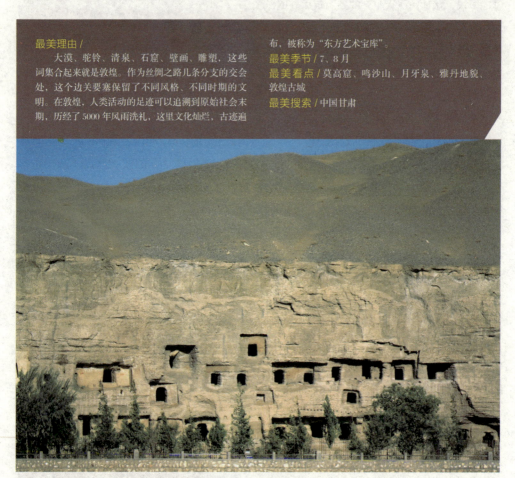

作为丝绸之路几条分支的交会处，这个边关要塞保留了不同风格、不同时期的文明

100 多年前，负责看守敦煌遗迹的王道士在例行打扫时偶然发现了藏经洞，从此，敦煌貌似干枯的躯体变得日渐丰腴起来，并一跃成为世界闻名的艺术宝库。走进莫高窟的石窟，婀娜的飞天、慈祥的菩萨，还有无数的神灵都从想象中跑到眼前，活灵活现地展示着关于宗教和传说的故事。在这里，你有足够的理由去沉醉。

莫高窟

莫高窟又名"千佛洞"，石窟南北长 1600 余米，上下共 5 层，最高处达 50 米。现存洞窟 492 个，壁画 45000 余平方米，彩塑 2415

身，飞天塑像 4000 余身。莫高窟规模宏大，内容丰富，历史悠久，与山西云冈石窟、河南龙门石窟并称为中国"三大石窟艺术宝库"。

鸣沙山

鸣沙山东西长约 40 公里，南北宽 20 公里，高数十米。据史书记载，在天气晴朗时，即使风停沙静，也会发出丝竹管弦之音，犹如奏乐，所以"沙岭晴鸣"成为敦煌古景之一。鸣沙山与宁夏中卫市的沙坡头、内蒙古达拉特旗的响沙湾和新疆巴里坤哈萨克自治县境内的巴里坤沙山并称为中国"四大鸣沙山"。

月牙泉

月牙泉在鸣沙山下，南北长近 100 米，东西宽约 25 米，泉水东深西浅，最深处约 5 米，弯曲如新月，因而得名。近年来，因为水土流失严重，月牙泉出现水面萎缩的现象，如果不采取措施挽回，这湾沙漠中的奇泉将走向消失，而敦煌也将成为第二个消失在沙漠尽头的楼兰古国。

雅丹地貌

雅丹地貌地处敦煌西 200 公里处，分布区长宽各 10 公里，遍布造型奇特的土丘，又被称作"魔鬼城"。

敦煌古城

1987 年，中日合拍大型历史故事片《敦煌》，为了重现敦煌繁盛时的场景，以宋代《清明上河图》为蓝本，在大漠戈壁重建了一座沙洲古城。古城再现了唐宋时期西北重镇敦煌的雄姿，被称为"中国西部建筑艺术的博物馆"。

TIPS

⊙ 地址 敦煌市位于甘肃省西北部，敦煌市东南 25 公里。

走进莫高窟的石窟，婀娜的飞天、慈祥的菩萨，还有无数的神灵都从想象中跑到眼前

秦始皇兵马俑 QIN SHI HUANG TERRACOTTA WARRIORS AND HORSES **070**

最美理由 /
　　秦始皇作为中国第一个封建帝王，完成了统一六国的大业，为今天统一的中国描绘出一个雏形。同时，他也做了一系列遭后人诟病的事，比如焚书坑儒，比如穷奢极欲，同时，也做了两件毁誉参半的事，一是修长城，二就是建造兵马俑。而后者，成为今天世界上最大的地下军事博物馆。

最美季节 / 一年四季
最美看点 / 一号坑、二号坑、三号坑、铜车马
最美搜索 / 中国陕西

在地下 5 米深的地方，上千真人大小的陶俑整齐排列，威武雄壮，气势森严，令人望而生畏

　　兵马俑的塑造，成功之处在于以现实生活为基础，艺术手法细腻、明快，陶俑装束、神态、发式、手势各不相同。这里有久经沙场的老兵，也有初上战场的青年，有巍然直立的将军，也有意气昂扬的武士。在地下 5 米深的地方，上千真人大小的陶俑整齐排列，威武雄壮，气势森严，令人望而生畏。再现了秦始皇当年为完成统一中国的大业而展现出的军功和

军威。

一号坑

在发现的三个大坑中，一号坑体量最大，东西长 230 米，宽 62 米，总面积达 14260 平方米。在这个坑内埋有约 6000 个真人大小的陶俑，目前已清理出的有 1000 多个，以车兵为主体，9 个过洞中车兵、步兵联合编队，排列出庞大的主体军阵。

二号坑

二号坑位于一号坑兵马俑的东端北侧，呈覆斗形，分上下两层参观廊，可俯视二号坑全貌，坑内由 4 个独立方阵组成大型曲尺形军阵，有陶俑、陶马 1300 多件，战车 80 余辆，青铜兵器数万件，其中将军俑、鞍马俑、跪姿射俑为首次发现。与一号坑相比，二号坑布阵更为复杂，兵种更为齐全，是 3 个坑中最为壮观的军阵。

三号坑

三号坑面积 520 平方米，是三个坑中面积最小的一个，呈"凹"字形。出土战车 1 乘，马俑 4 件，武士俑 68 件。坑内陶俑以夹道式排列，据推测是秦军阵的指挥中心。

铜车马

挖掘出土的铜车马为一组两辆，是兵马俑博物馆的"镇馆之宝"。两乘铜车马由近 7000

TIPS

🔲 **地址**　秦始皇陵位于距西安市 30 多公里的临潼县城以东的骊山脚下。

🔲 **贴士**　推荐线路是华清池—秦始皇陵—秦始皇兵马俑，最后由兵马俑直接坐车返回西安，这样可以避免半路上车没有座位的问题。

个零部件组成，出土时虽然被砸得破烂不堪，但经过精心修复，已恢复原貌，这两乘车是按当时实用车的 1/2 缩小制作的，如果把车马放大一倍，就如同真车真马一样。铜车马造型逼真，工艺考究，是中国出土文物中时代最早、驾具最全、级别最高、制作最精良的青铜器珍品，也是世界考古发现的最大青铜器。

兵马俑的塑造，成功之处在于以现实生活为基础，艺术手法细腻、明快，陶俑装束、神态、发式、手势各不相同

建筑·人类史话　Chapter ④

一座座地标建筑，既是建筑史上的里程碑，更是时代变迁的历史见证。

佛罗伦萨大教堂 FLORENCE CATHEDRAL　**071**

最美理由 /
　　佛罗伦萨是意大利的文化名城，文艺复兴的发源地，达·芬奇、米开朗琪罗等众多卓越的艺术家们曾在这里徜徉、吟诵，街头巷尾稍不经意就会错过文艺复兴时代的建筑、雕塑或者绘画作品。在这个欧洲艺术文化和思想的中心，无论你错过什么，都不能错过

佛罗伦萨大教堂，它有一个美丽的别号，叫"圣母百花"，是世界第四大教堂。
最美季节 / 春季
最美看点 / 穹顶、乔托钟塔、西尼约里亚广场、巴杰罗国家博物馆、圣十字教堂
最美搜索 / 意大利佛罗伦萨

在这个欧洲艺术文化和思想的中心，无论你错过什么，都不能错过佛罗伦萨大教堂

　　如果想好好地感受佛罗伦萨大教堂，一定要多停留一些时间。因为习惯上称作大教堂，其实是指一组建筑群，包括大教堂、钟塔和洗礼堂三部分，呈拉丁十字状布局，造型独特。除了建筑外，大教堂也是一座珍藏了众多文艺复兴时期艺术珍品的博物馆，在这里你可以看到雕刻家道纳太罗的作品《先知者》、戴拉·罗比亚的大理石浮雕《唱歌的天使》及

达·芬奇、米开朗琪罗、伯鲁涅列斯基、但丁、马基雅弗利、伽利略等一代巨擘的作品。

穹顶

　　大教堂的八角形穹顶是世界上最大的穹顶之一，内径 43 米，高 30 多米，在其正中央有希腊式圆柱的尖顶塔亭，连亭总计高达 107 米。大教堂建筑的精致程度和技术水平超过古罗马和拜占庭建筑，其穹顶被公认是意大利文

艺复兴式建筑的第一个作品，体现了奋力进取的精神。

TIPS

📍 地址　佛罗伦萨大教堂位于意大利佛罗伦萨市。

乔托钟塔

大教堂旁边的 82 米高塔，由建筑家乔托于 1334 年开始建造，外观是一个四角形的柱状塔楼，调和了粉红、浓绿和奶油三种颜色，与旁边的大教堂十分和谐，底部有精致的浮雕，内部有楼梯可达顶部，共有 290 级台阶。

西尼约里亚广场

西尼约里亚广场曾经是佛罗伦萨的政治中心，广场上有许多雕像，其中有米开朗琪罗的"大卫"雕像，不过，放置在此的是复制品，原件藏于艺术学院美术馆中。

巴杰罗国家博物馆

从广场向东第一个街口左转，巴杰罗国家博物馆城堡似的建筑建于 1255 年，早期曾是市政厅，后来成为警察总局。1865 年改成意大利最早的国家博物馆，现在是佛罗伦萨第二大博物馆，收藏有大量文艺复兴时期的雕塑。

圣十字教堂

从西尼约里亚广场一直向东，大约 300 米，就来到圣十字教堂，这座教堂出名的地方是这里埋葬着众多的名人，其中有米开朗琪罗、伽利略、歌剧作家罗西尼等。

教堂壁画《末日审判》

比萨斜塔 LEANING TOWER OF PISA   **072**

最美理由 /
　　1590 年，意大利物理学家伽利略在比萨斜塔上做了著名的自由落体实验，于是，比萨斜塔与自由落体定律一起为世界各地的人们所知晓。在发生倾斜前，比萨斜塔就因其独特的圆形外形而备受瞩目，发生倾斜后，众多不同身份的人们被比萨吸引到意大利，探究倾斜的原因，却始终没有统一的答案。

最美季节 / 6 ~ 8 月
最美看点 / 奇迹广场、主教堂、洗礼堂、比萨城、墓园
最美搜索 / 意大利

比萨斜塔斜而不倒，被世人公认为建筑的奇迹

　　高 58 米的比萨斜塔斜而不倒，被世人公认为建筑的奇迹。关于塔座倾斜的历史，可以追溯到 1174 年，当时由于地基下沉，建到第三层时塔身开始倾斜，为了不使斜塔倒塌，不同领域的人纷纷动起脑筋，但人们期待的答案一直没有浮出水面。

奇迹广场

　　在比萨城的北面，广场中间是大片草坪，散布着大教堂、洗礼堂、墓园和斜塔等宗教建筑。广场周围还保留着古代的城墙和城门。

主教堂

　　比萨斜塔并非单一的建筑，与之相邻的有大教堂、洗礼堂和墓园，由于它们对 11~14 世纪的意大利建筑艺术产生了巨大的影响，1987 年这些建筑一起被联合国教科文组织评为世界遗产。其中，大教堂始建于 1063 年，

结束于 1174 年，平面呈十字架形状，交叉点上有一尖圆盖形加顶，整体规模宏大，布局紧凑。大教堂正面朝西，共 5 层，其中底层最高，为沉稳的券形贴面，上面四层皆为轻巧华丽的连续拱券柱廊，其中第二层与底层等宽，第三层为梯形，第四层为三角形。大教堂内部肃穆阴暗，窗户小而高，不利采光。教堂立柱分别为白色和灰黑色的大理石，墙面则是以白色大理石为主，以灰黑色大理石镶拼出的精美图案呈现利落的圆弧和直角，简洁中有繁复，有一种对比的美。

洗礼堂

与教堂相对的洗礼堂为圆形建筑，位于教堂十字架一竖的底部延长线上，立面三层为白色，顶部为铁锈红圆顶。拱券和圆顶的弧形配上修长的尖三角雕饰。圆顶并非一圆到底的简单设计，而是分为三层，上层和底层均为半球状，中间以逐渐缩小的锥形柱体衔接，有一

TIPS

📍 **地址** 比萨斜塔位于意大利西部，在距亚得里亚海 10 公里的奇迹广场上。

📍 **贴士** 比萨离佛罗伦萨有 1 小时的火车车程。

种跳跃的韵律在里面。矗立于上层顶端的铜像为施洗礼者圣约翰。

比萨城

最初是个海洋城市，后来慢慢退化，离海越来越远。现在的比萨城被阿诺河一分为二。

墓园

大教堂旁边有一个长方形墓园，里面有 600 多块雕刻着精美浮雕的墓碑和石棺，还有装饰着精美壁画的回廊，这里埋葬着比萨城的重要人物。

凡尔赛宫 CHATEAU DE VERSAILLES 073

最美理由 /
凡尔赛宫就是法国的皇宫，外观宏伟壮观，内部陈设和装潢富于艺术魅力，是举世闻名的西方古典主义建筑的杰出代表。凡尔赛宫内有 500 多间大殿小厅，处处金碧辉煌，内壁装饰有雕刻、巨幅油画及挂毯，配有 17、18 世纪造型超绝、工艺精湛的家具。宫内还陈列着来自世界各地的珍贵艺术品，包括远渡重洋的中国古代精美瓷器。

最美季节 / 6 ~ 10 月

最美看点 / 阿波罗厅、战争厅、镜厅、国王套房、花园

最美搜索 / 法国凡尔赛

几百年来欧洲皇家园林几乎都遵循了凡尔赛宫的设计思想

从艺术上讲，凡尔赛宫宏伟壮丽的外观和严格规则化的园林设计是古典主义艺术的最高成就，这一点得到世界各地的广泛认可。几百年来欧洲皇家园林几乎都遵循了凡尔赛宫的设计思想，如彼得一世在圣彼得堡郊外修建的夏宫、玛丽亚·特蕾西亚在维也纳修建的美泉宫、腓特烈二世和腓特烈·威廉二世修建的无忧宫、巴伐利亚国王路德维希二世修建的海伦希姆湖宫等，都仿照了凡尔赛宫的式样和布局。

阿波罗厅

阿波罗厅也叫"太阳神厅"，相当于御座

大厅，是整个凡尔赛宫最奢华的地方。国王就是在阿波罗厅进行日常接见和安排化装舞会的。这个厅布置极为奢华，天花板上有镀金雕花的浅浮雕，墙壁是深红色金银丝镶边天鹅绒，纯银铸造的御座立在铺有深红色波斯地毯的高台之上，高 2.6 米。

战争厅

战争厅在阿波罗厅的西边，北、西两面面向花园，向南可直达镜厅。厅内装饰有名家的油画作品，反映了路易十四征服西班牙、德意志、尼德兰等功绩。厅内有一个镀金壁炉，路易十四骑马浮雕像立于壁炉正上方。

镜厅

镜厅是凡尔赛宫最著名的大厅，由敞廊改建而成，长 76 米，高 13 米，宽 10.5 米，镜厅的一面面向花园，由 17 扇巨大落地玻璃窗组成，另一面由 400 多块镜子组成，因此得名。厅内有细木雕花的地板，淡紫色和白色大理石贴面装饰的墙壁，绿色大理石的柱子。画着歌颂太阳王功德油画的天花板上挂着 24 盏巨大的波希米亚水晶吊灯，极尽奢华。

TIPS

📍 **地址**　凡尔赛宫位于巴黎南郊 18 公里处的凡尔赛镇。

国王套房

国王套房位于阿波罗厅以东，正中央是国王的卧室，金红织锦大床、绣花天棚、镀金护栏和天花板上的《法兰西守护国王安睡》巨大浮雕充分显示出国王地位的至高无上。国王套房每天举行烦琐的仪式，包括起床礼、早朝觐、晚朝觐和问安仪式等。寝宫两边还有小会议室和牛眼厅，是亲王贵族和大臣候见的场所。

花园

花园现存面积为 100 公顷，以海神喷泉为中心，分布有 1400 个喷泉，以及一条长 1.6 公里的十字形人工大运河。花园内还有森林、花径、温室、柱廊、神庙、村庄、动物园和众多散布的大理石雕像，是法国式园林的典范之作。

凡尔赛宫是举世闻名的西方古典主义建筑的杰出代表

卢浮宫 LOUVRE 　　　　　　　　　　　　　　　**074**

最美理由 /
　　卢浮宫是法国近千年来历史的见证，是世界上最古老、最大、最著名的博物馆之一。卢浮宫占地约 45 公顷，建筑物占地面积为 4.8 公顷。全长 680 米，历经 700 多年扩建重修才达到今天的规模。法国历史上卢浮宫曾经居住过 50 位法国国王和王后，馆藏艺术品数量已达 40 万件，其中，断臂美神 "米洛斯岛的维纳斯" 雕像、无头折臂的 "胜利女神" 雕像、达·芬奇的画作《蒙娜丽莎》，是最重要的镇宫三宝。

最美季节 / 一年四季

最美看点 /《断臂维纳斯》《蒙娜丽莎》"金字塔"入口、叙利馆、黎塞留馆、德农馆

最美搜索 / 法国巴黎

卢浮宫是法国近千年来历史的见证，是世界上最古老、最大、最著名的博物馆之一

　　卢浮宫藏有 40 万件作品，约有 3 万件在叙利馆、黎塞留馆和德农馆三大展区展出，每个展区分 4 层楼面。展品又被分成七大主题：古东方、古埃及、古希腊罗马、美术工艺、雕刻、绘画和素描。40 万件展品，即使每一件只看一眼，只花一秒钟，全部看完也要 9 个小时，这还没有算从一件展品走到另一个展品的时间。

《断臂维纳斯》

　　这尊家喻户晓的女神雕像高 204 厘米，相传是古希腊亚历山德罗斯于公元前 150 ~ 前 50 年雕刻的，于 1820 年 2 月发现于爱琴海的

希腊米洛斯岛一座古墓遗址旁。雕像是维纳斯的半裸全身像，面容俊美安详，身材匀称，展示出女性特有的曲线美。

《蒙娜丽莎》

《蒙娜丽莎》被认为是达·芬奇的最高艺术成就。画中人物仪态端庄，坐姿优雅，笑容微妙，人物丰富的内心感情和美丽的外形达到了巧妙的结合。

"金字塔"入口

卢浮宫的主要入口是贝聿铭设计的拥有793块玻璃的金字塔，建于1989年，是密特朗总统开启的工程浩大的卢浮宫现代化计划的首要工程。

叙利馆

叙利馆一楼和二楼有部分古希腊和古埃及的文物，一楼其余部分展出古代东方和伊朗的文物；二楼展出一部分17世纪布尔设计的家具和法国17~19世纪的绘画作品，如画家德·拉图尔的《作弊者》、华托的《皮耶尔》、安格尔的《土耳其浴室》等。

黎塞留馆

黎塞留是辅佐法王路易十三的红衣大主

教的名字。黎塞留馆展出雕塑、伊斯兰艺术、美索布达米亚古代东方艺术、自中世纪至19世纪的工艺品、法国14~17世纪的绘画作品及德国、荷兰和佛拉芒的绘画作品。如丢勒的《自画像》、维米尔的《编织女工》等。

德农馆

德农是拿破仑第一帝国时期的博物馆馆长的名字，德农馆底层展览古埃及文物，一部分古希腊和古罗马的文物、北欧的雕塑、西班牙和意大利的雕塑作品。其中最著名的是米开朗琪罗的《奴隶》。楼梯上站立着《萨姆特拉斯的胜利女神》雕像。二楼展出意大利绘画作品，其中最著名的有达·芬奇的《蒙娜丽莎》、委罗内塞的《伽那的婚礼》，同时还展出法国大幅的绘画作品、西班牙的绘画和意大利素描。

卢浮宫藏有40万件作品，约有3万件在叙利馆、黎塞留馆和德农馆三大展区展出

埃菲尔铁塔 EIFFEL TOWER　　　　　　075

最美理由 /
　　埃菲尔铁塔是为了世界博览会而建造的金属建筑，曾经保持 45 年世界最高建筑的纪录，直到纽约帝国大厦的出现。埃菲尔铁塔由 150 万个铆钉连接固定，由于铁塔上的每个部件事先都严格编号，所以装配时没出一点差错。埃菲尔铁塔经历了百年风雨，已经成为巴黎的标志，是全体法国人的骄傲。

最美季节 / 6~10 月

最美看点 / 瞭望台、战神广场、夏乐宫

最美搜索 / 法国巴黎

埃菲尔铁塔由 150 万个铆钉连接固定，由于铁塔上的每个部件事先都严格编号，所以装配时没出一点差错

　　埃菲尔铁塔高 320.7 米，塔身为钢架镂空结构，重达 9000 吨，共用了 1.8 万余个金属部件，以 150 万个铆钉铆成一体，如此庞大的躯体全靠四条粗大的用水泥浇灌的塔墩支撑。全塔分为三层：第一层高 57 米，第二层高 115 米，第三层高 276 米。每层都设有带高栏的平台，供游人眺望那独具风采的巴黎市区美景。晴空万里之时，你可以从铁塔上远眺 70 公里外的风光。

瞭望台

　　埃菲尔铁塔设有上、中、下三个瞭望台，各有不同的视野，也带来不同的享受。最高层瞭望台离地面 276 米，最宜远望，嘈杂的巴黎会在脚下变成一幅巨大的地图。中层瞭望台离地面 115 米，在这一层可以看到最佳立体景观，凯旋门、卢浮宫、蒙马特圣心教堂以独特的建筑形式从巴黎众多建筑和绿化景观中脱颖而出，远近高低不同，共同组成一幅四维的巴黎。这一层有一个装潢考究的全景餐厅，门庭若市，需提前预订。最下层瞭望台面积最大，在 57 米的高空中设有会议厅、电影厅、餐厅、商店和邮局等各种服务设施。北面的夏乐宫、脚下的塞纳河、南面战神广场的大草坪和法兰西军校的古老建筑，共同构成了一幅令人难忘的风景画。

战神广场

战神广场是一个大公园，坐落在巴黎七区，夹在西北方的埃菲尔铁塔以及东南方的军校之间。法国曾经使用这个场地迎接过几次世界博览会以及 1900 年的奥林匹克运动会。

夏乐宫

夏乐宫隔着塞纳河与埃菲尔铁塔遥遥相望。如今的夏乐宫是著名的巴黎海事博物馆所在地。博物馆共展出 3500 多件陈列品，其中有不少举世罕见的珍品，如完全用象牙、乌木和白银制作的军舰模型"瓦米"号，6 名工匠为了制作这艘长 1.6 米的模型花费了整整 5 年时间。此外，博物馆还藏有许多著名航海家的手稿，为人们研究航海史提供了珍贵的资料。

埃菲尔铁塔设有上、中、下三个瞭望台，各有不同的视野，也带来不同的享受

科隆大教堂 COLOGNE CATHEDRAL 076

最美理由 /
　　科隆大教堂是欧洲北部最大的教堂，是德国第一座完全按照法国哥特盛期式样建造的教堂。它的轻盈、雅致一直为世人所推崇，是中世纪欧洲哥特式建筑艺术的代表作，与巴黎圣母院和罗马圣彼得大教堂并称欧洲三大宗教建筑。而由 16 万吨石头堆积而成的如同石笋般林立的科隆大教堂，从奠基之始到形成现在的规模，其中所蕴含的德意志民族精神是其他建筑无法比拟的。

最美季节 / 春季

最美看点 / 三王龛、老集市广场、科隆市政厅、施纽特根美术馆、安托尼特教堂

最美搜索 / 德国科隆

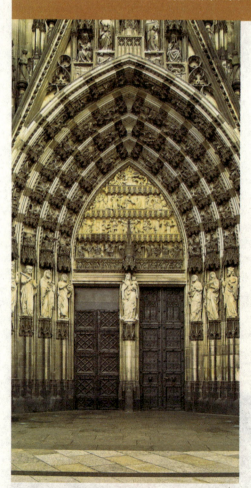

科隆大教堂，从奠基之始到形成现在的规模，其中所蕴含的德意志民族精神是其他建筑无法比拟的

　　始建于 873 年的科隆大教堂，1880 年才最终建成，占地 8000 平方米，中央大礼堂穹顶高达 43.35 米，中央双尖塔高 157 米，巍然屹立在莱茵河河畔。科隆大教堂内有 10 个礼拜堂，大教堂四壁共 1 万多平方米的窗户，上面全部绘有《圣经》人物，在阳光反射下金光四射。教堂钟楼上有 5 座响钟，最重达 24 吨，许多的古文物被存放在教堂的金神龛中，是中世纪金饰艺术的代表作。

三王龛

　　三王龛由黄金、宝石和珍稀饰品组合而成，因耶稣的故事而得名。故事讲述耶稣降生时，东方三博士来朝圣，显示他是基督；耶稣受洗时，圣灵鸽子落在他头上，表示他是上帝之子；耶稣参加一次婚宴把水变成酒，体现他的神力。

老集市广场

　　老集市广场是科隆老城的中心广场，以 1~4 世纪罗马执政官的行宫为基础的科隆市政厅就建在这座广场上。像欧洲大多数广场一样，广场中心也有一处喷泉雕像，这里的雕像

是威尔特，德国 30 年战争期间，他从贫穷的农夫成长为骑兵将军。广场周围都是传统的哥特式建筑，一些已经改造成咖啡馆或酒吧。

科隆市政厅

科隆市政厅有悠久的历史，议会塔见证了议会反抗城市贵族统治的胜利，修复后这里又增添了 124 尊塑像，每尊塑像背后都隐藏着一段动人的历史故事。文艺复兴门廊建造于 16 世纪中期，门廊后是市政厅保存最古老的汉萨大厅，大厅内有 14、15 世纪制成的木质雕塑，极具观赏价值。

施纽特根美术馆

施纽特根美术馆的中世纪艺术品是 1906 年教士施纽特根赠送于科隆的。内部展出的中世纪宗教美术作品带有宗教意味，其中的圣母圣子像和天使像具有莱茵地方独特的朴素风格。

安托尼特教堂

安托尼特教堂始建于 14 世纪，原是修道院教堂，1802 年成为新教徒教堂，是科隆第一座路德派教堂。

与巴黎圣母院和罗马圣彼得大教堂并称欧洲三大宗教建筑

白金汉宫 BUCKINGHAM PALACE

077

最美理由 /

　　白金汉宫是英国女王的王宫，占地 18 公顷、有 600 多个厅室，收藏有许多绘画和精美的红木家具，艺术馆大厅内陈列着英国历代王朝帝后的 100 多幅画像和半身雕像，营造出浓厚的 18、19 世纪英格兰的氛围。自 1837 年维多利亚女王继位起，白金汉宫正式成为王宫，现在仍是王室住地。女王就是在这里召见首相、大臣，接待和宴请外宾并进行其他重要的外事活动的。

最美季节 / 夏季

最美看点 / 威斯敏斯特宫、威斯敏斯特教堂、唐宁街 10 号

最美搜索 / 英国

女王的私人套房也在白金汉宫里，与人们想象的奢华不同，女王自己的"家"里非常低调

白金汉宫是一座四层正方体灰色建筑物，内有典礼厅、音乐厅、宴会厅、画廊等 600 余间厅室，王宫西侧为宫内正房，其中最大的房间是悬挂着巨型水晶吊灯的"皇室舞厅"，建于 1850 年，专为维多利亚女王修建，每当有盛大舞会，这里总是灯火通明，流光溢彩，美不胜收。宫内最雅致的房间是蓝色客厅，摆有为拿破仑一世制作的"指挥桌"。白色客厅是用白、金两色装饰而成，装饰有精致的家具和豪华的地毯。女王的私人套房也在白金汉宫里，与人们想象的奢华不同，女王自己的"家"里非常低调。

威斯敏斯特宫

始建于公元 750 年的威斯敏斯特宫坐落在泰晤士河的西岸，占地 3.2 万平方米，是世界上最大的哥特式建筑。威斯敏斯特宫原为英国的王宫，11~16 世纪的英国历代国王都居住在这里。威斯敏斯特宫是英国浪漫主义建筑的代表作品，也是大型公共建筑中第一个哥特复兴杰作，是浪漫主义建筑兴盛时期的标志。

TIPS

🔘 **地址**　白金汉宫位于威斯敏斯特城内伦敦詹姆士公园西边。

🔘 **贴士**　每年的 8、9 月间白金汉宫对外开放，游客可趁此时进入王宫参观。如果英国国旗在白金汉宫上方飘扬，意味着"今天女王在家"，如果没有国旗，则代表"今天女王外出了"。

威斯敏斯特教堂

威斯敏斯特教堂是英国著名的新教教堂，而且，它不仅是宗教圣地，更是英国王室的活动场所。从 11 世纪胜利王威廉开始，除爱德华五世和爱德华八世外，其他英国国王都在此加冕登基。王室的结婚、葬礼等仪式也在这里举行。

唐宁街 10 号

唐宁街 10 号位于威斯敏斯特区白厅旁的唐宁街，传统上是第一财政大臣的官邸，后来成为英国历代首相的官邸，被视为英国政治权力的中枢所在。其设计朴实的黑色木门，缀上白色的阿拉伯数字"10"，成了家喻户晓的标记。

冬宫 WINTER PALACE **078**

最美理由 /

　　冬宫是昔日沙皇皇宫，现为国立艾尔米塔什博物馆，是 18 世纪中叶俄国巴洛克式建筑的杰出典范。冬宫宫殿装饰华丽，许多大厅用俄国宝石——孔雀石、碧玉、玛瑙制品装饰，如孔雀大厅就用了 2 吨孔雀石，拼花地板用了 9 吨贵重木材。国立艾尔米塔什博物馆是世界四大博物馆之一，与巴黎的卢浮宫、伦敦的大英博物馆、纽约的大都会艺术博物馆齐名。

最美季节 / 一年四季

最美看点 / 东方艺术馆、远东艺术博物馆、西欧艺术馆、圣彼得堡

最美搜索 / 俄罗斯圣彼得堡

冬宫最早是俄罗斯女皇叶卡捷琳娜二世的私人博物馆

　　冬宫是一座三层楼房，长约 230 米，宽 140 米，高 22 米，呈封闭式长方形，占地 9 万平方米，最初冬宫共有 1050 个房间，117 个阶梯，1886 扇门，1945 个窗户，飞檐总长近 2 公里。1.5 万幅绘画，1.2 万件雕塑，60 万幅线条画，100 万块硬币和证章，22.4 万件古代家具、瓷器、金银制品、宝石与象牙工艺品等分别陈列在 350 多个展厅中。

东方艺术馆

　　东方艺术馆陈列着公元前 4000 年以来的

16万件展品，其中有几千件古埃及的文物，如石棺、木乃伊、浮雕、纸草纸文献、祭祀用品和科普特人的纺织品、世界上最大的伊朗银器，以及巴比伦、亚述、土耳其等国的文物。

远东艺术博物馆

远东艺术博物馆收藏了大量中国的文物和艺术品，其中有200多件殷商时代的甲骨文、公元1世纪的丝绸绣品、敦煌千佛洞的雕塑和壁画的样品，以及中国的瓷器、珐琅、漆器、山水和仕女图等。

西欧艺术馆

西欧艺术馆是冬宫最早设立的展馆，有120个展厅，陈列着众多文艺复兴时期的绘画和雕塑作品。全世界留传至今的达·芬奇的油画总计不过10幅，《戴花的圣母》和《圣母丽达》就陈列在这里。拉斐尔的《科涅斯塔比勒圣母》和《圣家族》、米开朗琪罗的雕塑品《蜷缩成一团的小男孩》，都是该馆的珍品。

圣彼得堡

圣彼得堡是俄罗斯第二大城市，该市由300多座桥梁相连，其河流、岛屿及桥梁的数量，均居俄罗斯之冠。从彼得大帝到列宁，圣彼得堡已有300余年的历史。每年6月22日前后的一周，是圣彼得堡白夜最长的时候，即使过了午夜12点，依然可以在露天阅读报刊、散步观景。还没来得及天黑，太阳马上又重新爬出来，形成昼夜相连的奇观。每年的"白夜"，

TIPS

📍 **地址**　冬宫坐落在圣彼得堡宫殿广场上。

📍 **贴士**　按照冬宫的参观规定，游客必须把外套交到指定地点寄存，另外如果想拍照或摄影，还需额外交费。也就是说背相机或摄像机进冬宫的人必须多交100~150卢布。这里需要提醒的是，与拍到的内容相比，这100多卢布还是值得的。

圣彼得堡都要举行"白夜"艺术节，通宵达旦地举行各种音乐会、歌舞会和各种演出，整个圣彼得堡都沉浸在狂欢的氛围中。

冬宫宫殿装饰华丽

布达拉宫 POTALA PALACE 079

最美理由 /
布达拉宫距今已有 1300 多年历史，是历代达赖喇嘛的冬季皇宫，也是新中国成立前西藏地方统治者政教合一的统治中心。布达拉宫是一座规模宏大的宫殿式建筑群，占地 10 万多平方米，外观 13 层，高 110 米，红顶白墙，占满整座山坡，宫殿内珍藏着各种奇珍异宝。布达拉宫是拉萨乃至整个西藏的标志。

最美季节 / 7~9 月
最美看点 / 壁画、白宫、红宫、八廓街
最美搜索 / 中国西藏

布达拉宫是拉萨乃至整个西藏的标志

到过西藏的人，脑海里挥之不去的是红、白两种颜色，这正是布达拉宫的颜色。贴着白色的墙体，陡峭的台阶，一步步走近这座神圣的宫殿，一种威严肃穆的气场扑面而来。只有真正进入布达拉宫，才能明白为什么有那么多藏人拜倒在它的脚下，为什么那么多藏人将到布达拉宫膜拜作为一生的追求与梦想。然而，宏伟的外形只是布达拉宫的初级表象，经过 1300 多年的积累，这座宫殿中保存了超过 2500 平方米的壁画、近千座佛塔、上万幅卷轴唐卡，这些使布达拉宫具备了一个魂魄，而正是这魂魄使布达拉宫成为你一生中不可错过的地方。

壁画
布达拉宫每个宫殿的四壁和走廊都布满

壁画，壁画的内容丰富，传神地再现了当年的历史，包括兴建布达拉、松赞干布迎娶文成公主等。

白宫

白宫是达赖喇嘛生活、起居的场所，因外墙为白色而得名。白宫共7层，最顶层是达赖的寝宫"日光殿"，这里等级森严，只有高级僧俗官员才被允许进入。白宫的第六层和第五层是生活和办公用房。第四层的东大殿是白宫最大的殿宇，布达拉宫的重大活动如达赖坐床典礼、亲政典礼等都在此举行。

红宫

远眺布达拉宫的时候，可以看到宫殿的最上方为红色，在西藏无遮拦的阳光下格外显眼，这座红色的建筑就是红宫。红宫是达赖的灵塔殿及各类佛堂，共有灵塔8座，其中五世达赖的是第一座，也是最大的一座。据记载仅镶包这一灵塔所用的黄金就达11.9万两之多。西大殿是五世达赖灵塔殿的享堂，是红宫内最

大的宫殿。从西大殿上楼经画廊就到了松赞干布修法洞，这是布达拉宫内最古老的建筑之一，里面保存有松赞干布、文成公主及其大臣的塑像。

八廓街

八廓街是布达拉宫脚下供信徒转经用的街道，是拉萨宗教、经济、文化、风土人情的集结之所。这里有成片的藏式民居，有琳琅满目的藏族饰品，街上随时还可以看到拿着转经筒的信徒或低头默走，或边走边叩长头，表达自己对宗教理想的追求和信仰。

藏人将到布达拉宫膜拜作为一生的追求与梦想

故宫 THE IMPERIAL PALACE MUSEUM　080

最美理由 /

　　故宫是中国的皇宫，经历了明、清两个王朝 24 位皇帝，历时约 500 年。故宫是世界上现存规模最大、最完整的古代皇家建筑群，在体量和设计上均超过法国凡尔赛宫、英国白金汉宫、美国白宫、俄罗斯克里姆林宫，位列世界五大宫之首。

最美季节 / 一年四季

最美看点 / 午门、太和殿、中和殿、保和殿、乾清宫、养心殿

最美搜索 / 中国北京

故宫是世界上现存规模最大、最完整的古代皇家建筑群

　　故宫总体布局前后对应，左右对称，井然有序。它占地 72 万平方米，建筑面积 15 万平方米，共有殿宇 9999 余间，四面环有高 10 米的城墙，城墙外是长 3800 米、宽 52 米的护城河，构成完整的防卫系统。在收藏方面，故宫博物院藏有超过 100 万件文物，占全国文物总数的 1/6，是中国收藏最丰富的博物馆。

　　午门

　　午门是故宫的正门，东、西、北三面以 12 米高的城台相连，环抱一个方形广场。正门只有皇帝才可出入，皇帝大婚时皇后可以进一次，殿试考中状元、榜眼、探花的三人可以从此门走出一次。文武大臣按文东武西，由两侧门出入。

　　太和殿

　　太和殿俗称金銮殿，面积为 2377 平方米，殿内金砖铺地，共铺有金砖 4718 块。檐角安放 10 个走兽，数量之多为现存古建筑中所仅见。明、清两朝 24 个皇帝都在太和殿举行盛大典礼。可以说，太和殿是故宫体量最大、等

级最高的建筑物，建筑规制之高，装饰手法之精，堪列中国古代建筑之首。

中和殿

中和殿是故宫三大殿之一，与太和殿、保和殿位于同一条中轴线上，是皇帝去太和殿举行大典前稍事休息和演习礼仪的地方。

保和殿

明代大典前皇帝常在保和殿更衣，册立皇后、太子时，皇帝在此殿受贺。到了清代，这里成了除夕、十五等日子，皇帝赐宴招待大臣公使的地方。顺治帝福临曾居住保和殿，也是在这里完成大婚典礼的。自乾隆年开始，清代殿试在保和殿举行。

乾清宫

乾清宫是故宫内廷正殿，内廷后三宫之一。乾清宫建筑规模是内廷中最大的，明朝的14个皇帝和清朝的顺治、康熙两个皇帝，都以乾清宫为寝宫，在这里居住并处理日常政务。

养心殿

养心殿之所以出名是因为这里曾是慈禧、慈安两太后垂帘听政处。现在这里的陈设，就是光绪皇帝年幼时期，西太后垂帘听政时的场景。

TIPS

📍 **地址**　故宫位于北京长安街正中位置，位于南北中轴线上。

📍 **贴士**　故宫排列有序，参观时可先集中走中轴线，集中把重要的宫殿看完，这样有助于对故宫形成立体认识，如果仍有剩余时间，可重点"攻克"其他的小宫殿。

故宫角楼

新天鹅堡 NEUSCHWANSTEIN　　081

最美理由 /
　　德国是世界上拥有城堡最多的国家，据统计目前仍有 14000 个。在众多的城堡中，最著名的是隐于阿尔卑斯山麓的新天鹅堡。新天鹅堡建在三面绝壁的山峰上、高约 70 米，四角为圆柱形尖顶，在阿尔卑斯山的如画风景中，它的存在像一部美丽的童话。难怪像《宠物小精灵》《圣斗士星矢》这类广受好评的动画片都会选择以新天鹅堡为原型进行艺术加工。

最美季节 / 一年四季

最美看点 / 国王起居室、宫殿、旧天鹅堡、林德霍夫城堡、基姆湖城堡

最美搜索 / 德国

新天鹅堡建在三面绝壁的山峰上

　　新天鹅堡是巴伐利亚国王路德维希二世的行宫之一，共有 360 个房间，其中只有 14 个房间依照设计完工，其他的 346 个房间没有完工。现在，游客可以参观完工的 6 个房间。

　　新天鹅堡不是浪得虚名的，堡内到处可以发现天鹅的设计元素。日常用品装饰有天鹅，帏帐、壁画上的主角是天鹅，盥洗室的自来水水龙头造型也是天鹅。城堡脚下有一汪湖水，美

丽的天鹅游弋在湖中形成美丽的倒影，更为新天鹅堡增添了几分神韵。

国王起居室

在战争频仍的中世纪，为了保证生命安全，国王会选择把自己的生活与起居处设在武器射程之外，所以，在新天鹅堡，国王起居室位于城堡的四楼。国王起居室中国王的床盖是木质的，包括顶棚、壁板在内，都布满哥特式的精致雕刻，共花费14位雕刻家4年的时间才得以完工。

宫殿

宫殿高15米，长20米，马赛克地板上描绘了如地球形状的椭圆，上面是动物和植物的图案。宫殿的圆顶象征着天空中与太阳同向移动的星星，由黄金色的黄铜板所制造的枝状灯架可以点上96支烛光，挂在天和地之间，象征着国王的位置。

旧天鹅堡

旧天鹅堡位于新天鹅堡的脚下，新天鹅堡的修建者路德维希二世在这里度过了快乐的童年时光。这座新哥特式的鲜黄色城堡，具有中古世纪神话的风韵，其中"天鹅骑士厅"的壁画所描绘的内容，都是中世纪的传说故事。

林德霍夫城堡

林德霍夫城堡用了10年建造起来，外观呈乳白色，掺杂文艺复兴及巴洛克的建筑特色。它是路德维希二世三座"神话城堡"的第二座，主要模仿凡尔赛宫的小特里阿农建造而成。

TIPS

📍 **地址** 新天鹅堡位在今天的德国拜恩州（巴伐利亚州）西南方，位于慕尼黑西南方约100公里处海拔约800米的山上，离德国与奥地利边界不远。

📍 **贴士** 可以在山麓乘坐马车上到新天鹅堡，当然，因为沿途风景如画，徒步也是不错的选择。

基姆湖城堡

基姆湖城堡是路德维希二世三座"神话城堡"的第三座，他想模仿凡尔赛宫，所以基姆湖城堡正面是巴洛克式，但有着比凡尔赛宫更为华丽的镜厅。1878~1886年，路德维希二世花了2亿马克才完成，几乎掏空国库。神话总是虚幻的，事实上，这位国王只在基姆湖城堡住了一个星期就去世了。

可以在山麓乘坐马车上到新天鹅堡

爱丁堡城堡 EDINBURGH CASTLE 082

最美理由 /
　　爱丁堡曾是苏格兰王国的政治、文化中心，经历了许多痛苦和沧桑，政治和军事的斗争使它始终处在旋涡的中心。爱丁堡无疑是最坚固、最险要，也是最难攻克的堡垒，它建在一个海拔135米高的死火山岩顶上，一面斜坡，三面悬崖，易守难攻。在历史的多场战斗中，爱丁堡人表现出来的强悍和不屈的精神，体现了整个苏格兰人的精神风格。

最美季节 / 一年四季
最美看点 / 爱丁堡市、皇家哩大道、荷里路德宫、苏格兰威士忌中心、苏格兰国家美术馆、爱丁堡艺术节
最美搜索 / 英国苏格兰

如果想了解苏格兰的历史，爱丁堡城堡是不可或缺的一课

　　在爱丁堡市的各个角落，只要稍微抬起头，就能看到位于死火山花岗岩顶上的爱丁堡城堡。城堡内有壮丽的宫殿、立过战功的大炮和严整的广场，还有收藏了从中世纪到18世纪末的各种实物的军事博物馆。11~13世纪，爱丁堡城堡一直属于苏格兰皇室所有，至今仍有苏格兰部队驻扎。所以，如果想了解苏格兰的历史，爱丁堡城堡是不可或缺的一课。

爱丁堡市

英国北部城市爱丁堡是一个历史悠久、风景秀丽的城市，是苏格兰的经济和文化中心。爱丁堡是福斯湾港区大港口之一，18世纪时是欧洲文化、艺术、哲学和科学中心，是英国仅次于伦敦的旅游城市。

皇家哩大道

皇家哩大道是爱丁堡最著名的地区，最主要的观光景点都在这个由4条街道连接而成的大道上，皇家哩大道两端分别为爱丁堡城堡和荷里路德宫，都是苏格兰以往重要的皇家居所。

荷里路德宫

荷里路德宫是皇家哩大道的另一端顶点，目前仍是英女王来到苏格兰的住所。荷里路德宫修建于1498年，见证了苏格兰的历史。

苏格兰威士忌中心

苏格兰威士忌中心以主题导引的方式，提供参观者基本的威士忌知识，包括历史由来、制作过程、实体模型，当然还可以免费品尝纯正苏格兰威士忌的风味，整个参观过程大约1小时。

苏格兰国家美术馆

苏格兰国家美术馆位于爱丁堡的中心，在旧城和乔治亚新城之间。它是苏格兰收藏从文艺复兴到后印象派时期作品最大的美术馆，也是世界上空间尺寸最好的美术馆之一。

爱丁堡艺术节

每年8月13日～9月2日，因为艺术节

TIPS

> 📍 **地址**   爱丁堡城堡位于爱丁堡市中心的死火山花岗岩上。
>
> 📍 **贴士**   为了使旅行"一举多得"，参观爱丁堡城堡需要挑日子，要留意8月和11月，因为每年8月在城堡前的广场举办军乐队分列式，每年11月30日，也就是苏格兰女王生日那天可以免费参观城堡。

爱丁堡成为举世瞩目的焦点。这段时间，游客人数达到巅峰，所有在爱丁堡的人都因音乐而疯狂。

爱丁堡无疑是最坚固、最险要，也是最难攻克的堡垒，它建在一个海拔135米高的死火山岩顶上，一面斜坡，三面悬崖，易守难攻

圣米歇尔山城堡 MONT SAINT MICHEL CASTLE 083

最美理由 /
圣米歇尔山是法国著名古迹和基督教圣地，在一片极为宽阔的草场上，一座锥形的小山拔地而起，这里集中了 11 世纪罗马式中殿、15 世纪哥特式唱诗班席、13～15 世纪的部分城墙和哥特式修道院围墙等，这些建筑由下面上扩张、每一条拱线、每一条花纹都

向上冒出尖顶，不同的尖顶错落有致，传达出有序的张力，共同组成了又一个世界建筑奇迹。

最美季节 / 春季和秋季
最美看点 / 奥马哈海滩、圣马洛、卢瓦尔河谷城堡群、香波堡、舍农索水上城堡、昂布瓦斯皇家城堡
最美搜索 / 法国

这些建筑由下而上扩张，每一条拱线、每一条花纹都向上冒出尖顶，不同的尖顶错落有致，传达出有序的张力，共同组成了又一个世界建筑奇迹

圣米歇尔山远看是一座城堡，其实是一组建筑群。底部是储存食物和收留贫穷朝圣者的两个大殿。再往上走是教士们的修行室及会客厅。顶层的圣殿是著名的圣米歇尔大教堂，大教堂平凡朴实，没有彩色玻璃窗，没有夸张的管风琴，也没有奢华的装饰品，圣米歇尔大教堂传达出的是返璞归真后的另一种神圣。观潮是圣米歇尔山的一大亮点，被誉为"欧洲最戏剧化的潮水"，涨潮时，海水以每小时 10

公里的速度向城堡周围挺进。春季和秋季，海水涨落的落差可达 15 米。

奥马哈海滩

位于法国北部海岸的奥马哈海滩是第二次世界大战的诺曼底战役中，盟军四个主要登陆地点之一的代号。

圣马洛

圣马洛是布列塔尼地区建立在花岗岩礁石上的海盗城，最著名的就是古时用于抵御海

盗的城墙，还有海浪拍岸的海滩，以及保存完好的中世纪古城。

卢瓦尔河谷城堡群

卢瓦尔河全长 1012 公里，是法国第一大河，也是最美丽的一条河。中游河谷一带，有"法国花园"之美称，古堡点缀，景色优美。这些古老的宫堡在法国辉煌的历史上各领风骚，是法国文明的见证。

香波堡

香波堡是卢瓦尔河谷城堡群中最大的一个，布局是中世纪较为典型的古堡布局，是法国君王狩猎的行宫。香波堡在布局、造型、风格装饰上反映了法国传统的建筑艺术，又受到意大利文艺复兴的影响，成为法国文艺复兴时期的代表作之一。

舍农索水上城堡

舍农索城堡由主堡垒、长廊、平台和圆塔串联而成，横跨在卢瓦尔河支流希尔河河面上，是卢瓦尔河谷宫堡群中最富有浪漫情调的"水上城堡"，被喻为停泊在希尔河上的航船。

昂布瓦斯皇家城堡

15、16 世纪修建的昂布瓦斯皇家城堡是众多法国国王的居所，建筑设计中融入了意大利的艺术风格，有两座庞大的骑士塔楼，花园里种满了地中海植物，还可以观赏到卢瓦尔河河畔的壮丽景色。

圣米歇尔山远看是一座城堡，其实是一组建筑群

梦幻·小岛海岸 Chapter ⑤

这里有全球最好的海滩，拥有大自然的一切美好，植物常青、鲜花遍地，还有许多引人入胜的传说。

克里特岛 CRETE   084

最美理由 /
　　爱琴海，名字与海俱美。葡萄酒色的海面上漂浮着数以千计的小岛，克里特岛是其中最大的一座。白色的房子，瓦蓝的天空，海风吹拂着风车，一派悠闲宁静的画面。克里特岛拥有许多古老建筑，是一个历史悠久的岛屿。此间，可以看到沿海的高墙，那是古代希腊战争的遗迹。克里特的海滩也是性感而美丽

的，去海滩上享受一场日光浴，感受一番大自然的馈赠。
最美季节 / 4~10 月
最美看点 / 伊罗达海滩、锡蒂亚海滩、雷西姆农、萨玛利亚峡谷
最美搜索 / 希腊

白色的房子，瓦蓝的天空，海风吹拂着风车，一派悠闲宁静的画面

　　克里特岛是希腊最大的岛，面积 8236 平方公里，是地中海著名度假地，也是希腊古老文化的中心。岛上遍布山地与深谷，断崖、石质岬角和沙滩构成了海岸。沿山区一带还可以看见驴子吭哧吭哧爬坡上行的景象。全岛风景优美，气候宜人，植被常青，鲜花遍地，素有"海上花园"之称。

伊罗达海滩

　　伊罗达是希腊最好的海滩，是世界顶级度假胜地之一，其伊罗达酒店是世界十大酒店之一。此处远离喧嚣，拥有大自然的一切美好：阳光、海滩、大海、山脉，还有希腊人引

以为傲的希腊传说。

锡蒂亚海滩

位于岛屿最东部。从圣尼古拉奥斯到锡蒂亚之间的道路是克里特岛最美丽的道路之一：橄榄树在陡峭的一边缠绕，每个转弯都是一幅让人诧异的美丽景色。在这里度假有种超然世外之感，时间在此静止，可以什么都不做，什么都不想。

雷西姆农

克里特岛第三大城市，宙斯的故乡，希腊保留最完好的文艺复兴城市。这里的自然风光与历史遗迹并存，还有绝美的乡村风景和正宗的希腊美食。拜占庭式的教堂与修道院、宏伟的威尼斯式纪念建筑、冷峻的山区、富饶的河谷、壮丽的岩石、繁星般的洞穴、绵延数公里的沙质和鹅卵石海滩……值得一提的是它的周边山村，此间漫步可以听到悠扬的琴声，嗅到诱人的菜肴味儿。"这里不是你会到达的地方，而是你会返回的地方。"所以来过雷西姆农的游客都会对这句话体会良深。

欧洲最深的峡谷萨玛利亚峡谷

在白山山脉山峰间和佛利卡斯山之间的萨玛利亚峡谷，长18公里，两边山峦高达五六百米，最宽处有150公里，景色超凡壮观。"铁峡谷"是峡谷最窄处，只有3米宽。游客沿着河床顺溪行走，一路上水流湍急。在峡谷中抬头仰望，只见岩层巨石层层堆积，雄伟壮丽。

克诺索斯宫殿

位于伊拉克利翁市南。这个宫殿是克里特文明的代表，遗迹面积达2.2万平方米，房间总数1500余间。整个布局不求对称，楼层密接，梯廊复杂，厅堂错落，天井众多，希腊神话中称其为"迷宫"一点儿也不夸张。这里有大幅的彩色壁画和巨大盛酒陶瓷坛，还有世界上第一个抽水马桶。走在宫殿的走廊中，可以体会到当时帝王的奢华生活。

TIPS

📍 **地址**　爱琴海之南，距希腊本土130公里。首府伊拉克利翁。

📍 **贴士**　世界上最古老最美味的美食就在克里特岛，可品尝正宗希腊菜。

克里特岛是地中海著名度假地

米科诺斯岛 MYKONOS　　　085

最美理由 /

　　在希腊风情各异的诸岛中，米科诺斯以湛蓝的海天、天堂的海滩、美丽的缓坡山崖、童话般的白屋，成为世界最受喜欢的度假地之一。在米科诺斯镇交错如蛛网的街区中游走，有逛不完的商店，数不清的白色教堂，配着海天的颜色，形成鲜明的视觉冲击。小威尼斯湾则是一个威尼斯风格的海港，遍布浪漫的餐厅和酒吧，那五个基克拉泽斯式样的风车已成为米科诺斯的象征。米科诺斯的吉祥物鹈鹕与居民和谐相处，已成为这里的"荣誉公民"。

最美季节 / 四季皆可

最美看点 / 米科诺斯镇、白色教堂、鹈鹕、小威尼斯湾与风车、天堂海滩

最美搜索 / 希腊

基克拉泽斯式样的风车已成为米科诺斯的象征

　　在美丽的爱琴海上散落着 1400 多个明珠般的岛屿，米科诺斯就是其中的一颗。传说它是巨人破碎的身体变成的，因此它的美具有神话般的力量。

米科诺斯镇

　　来米科诺斯岛要逛一逛这里的街道。米科诺斯镇的街区错综复杂，如同迷宫，每条街道都独具特色。无数红男绿女游逛在这里。街道上的房子是用花岗岩或片麻岩筑成的，墙面刷着白漆，地面是灰的，窗子、门、楼梯则是蓝色的。这里的房子多是二层小阁楼，楼梯富有变化，曲折蜿蜒。最美妙的是岛上的居民家

家窗前摆放着鲜花，把这个小岛装扮得漂漂亮亮。如果清晨来镇赶早市，会发现这里的蔬菜和鲜花也是同样的美艳欲滴。

白色教堂

米科诺斯镇还有一个特色就是在巴掌之地上建有 300 多座家族式的小教堂。教堂的屋顶通常呈五颜六色，或蓝或白。其中最著名的是巴拿吉亚教堂，它由五个小教堂组成，从外墙到屋顶一律雪白，如同被白雪雕砌一般。教堂虽然不高大，建筑样式也不复杂，但它几乎出现在所有关于希腊的画册中，成为爱琴海风情的代表。教堂房檐下的铃铛在海风吹拂下奏出一曲悦耳的歌谣。

鹈鹕

小镇上的"荣誉公民"。自 1954 年第一只鹈鹕在此扎下根，已经繁殖到第三代，而且还被封了爵，大号"佩特罗三世"。二世佩特罗已老态龙钟，三世则是两只颜色浅红的鹈鹕。它们已经成为米科诺斯镇的一分子，与人们和谐生活不离不弃。

小威尼斯湾与风车

条条街道通海边，会聚到靠近码头的海湾，因此在小镇上走不会迷失。这里有著名的小威尼斯湾，米科诺斯的标志——五个风车就矗立在此。这里的风车不像荷兰风车那样秀气，笨笨的感觉，也别有韵味。海岸上有威尼斯风格的小屋和楼台，餐馆里经营着各式希腊美味。在这里可以一边用餐，一边欣赏海景风光。米科诺斯的海风中夹杂的是欧洲都会的时髦迷人气质。

TIPS

📍 **地址**　位于爱琴海。

天堂海滩

要体验米克诺斯岛的"4S"（阳光 Sun、碧海 Sea、沙滩 Sand、性感 Sex），天堂海滩不可错过。爱琴海颜色深邃，沙滩粗粝，自有一种旷世之美。最独特的是这里有"天体海滩"，遮阳伞下舒展身体，享受阳光的度假客，让人看后竟然心无杂念，仿佛回到了人之初"赤裸裸来去无牵挂"的境界。

窗前摆放着鲜花，把这个小岛装扮得漂漂亮亮

阿马尔菲海岸 AMALFI COAST　　086

最美理由 /

　　"看一眼那不勒斯，然后死去。"阿马尔菲海岸这个伸入第勒尼安海中的半岛，就具有这种欲仙欲死的美丽。50公里长的游览线路中，最具特色的是悬崖海岸和迷人小镇，加之悠久的文化历史，阿马尔菲海岸成为"世界文化和自然双遗产"。这里的海岸，阳光永远普照，懂得享受的村民总有一扇看海的窗户，硕果累累的柠檬树和柑橘布满赭黑色的悬崖，色彩缤纷的房屋与自然田园风光完美结合在一起，人迹寥寥的小镇上古典建筑比比皆是，不知从哪个角落里飘出醉人心肺的南欧音乐，整个地方充满了轻盈愉悦感，让人的心里装满了幸福。

最美季节 / 春夏、冬

最美看点 / 波西塔诺小镇、阿马尔菲镇、拉韦洛、米诺利

最美搜索 / 意大利

最具特色的是悬崖海岸和迷人小镇，加之悠久的文化历史，阿马尔菲海岸成为"世界文化和自然双遗产"

　　狭长的阿马尔菲海岸是世界上屈指可数的漂亮且形式多样的自然景观之一。它位于意大利南部第勒尼安海的萨莱诺湾之畔，靠近世界著名古迹庞贝古城和著名的苏连托。此处海边多是悬崖或嶙峋的山体，气候温暖，风光明媚，从罗马时代起就是人们喜爱的地方。这片以悬崖著称的海岸延伸长达几十公里，那些风光旖旎的小镇建筑则是人类善于利用不同地形

构建的杰作。

波西塔诺小镇

位于海岸中部，是阿马尔菲海岸最漂亮的小镇，地中海最美丽的度假胜地之一。这里丰富多样的地理环境被充分利用，偏下的坡地布满了葡萄园和果园，上面的坡地则是牧场。小巧的房子由海边爬上山腰，通往房子的道路如同迷宫。有很多人家的入户门就开在悬崖上，进门后要顺着台阶往山下走才能进入院落。最美丽的是这里的房子被涂上了典型的地中海颜色：芥末黄、暗橘红等。顺着古老的石板路一直向下走，美丽的沙滩迟早会展现在眼前。

阿马尔菲镇

海岸最受欢迎的小镇。这里早在 11 世纪就已十分繁华，是意大利对外的主要港口，指挥着地中海上的航行。镇上依山而建的阿马尔菲大教堂建于 12 世纪。教堂正面镶嵌着彩色马赛克，在阳光下熠熠生辉、绚丽华美。堂内至今还保留着 12 世纪的装饰物。

拉韦洛

拉韦洛深藏在阿马尔菲北面的青山翠谷中。抵达拉韦洛的道路九转十三弯，却是欧洲最美的道路。这里海拔 350 米，人口 2000 人，被誉为欣赏阿马尔菲海岸的露天阳台，吸引了无数名人隐居于此。小镇广场上的圣安德烈教堂糅合了阿拉伯和诺曼风格，深灰色与乳白色相间，极为夺目。小镇广场一隅的鲁菲洛别

TIPS

📍 **地址**	意大利那不勒斯以南４８公里处，紧邻伊特鲁里亚海。
📍 **贴士**	这里是南欧的美食胜地，有最正宗的意大利面，可以品尝到"基督之泪"玫瑰红葡萄酒。

墅，正是薄伽丘《十日谈》中反复提及的，已有近 800 年的历史。位于"阿马尔菲的阳台"上的鲁菲洛别墅花园中，有两株形状独特的树，它与教堂的尖顶一起成为拉韦洛明信片上的风景代表。德国作曲家瓦格纳曾在 1880 年旅居于这幢别墅，在花坡水深路满香中创作歌剧。每年 7 月拉韦洛就在这个花园里举办音乐节，其中少不了瓦格纳的曲目。葛丽泰·嘉宝曾隐居于辛波乃别墅，四周天竺葵如火如荼地盛开。站在园中的回廊上向下望，整个阿马尔菲海湾尽收眼底。拉韦洛当地特产柠檬甜酒，咂一口就让人深深陶醉。

米诺利

这里的海滩渚清沙白，依着悬崖而呈现出优美的弧形。天空澄清得没有一丝杂质，沙滩上整齐排列着彩色遮阳伞、沙滩椅和游艇，海面上是点点白帆，四周是闲适自在的游人。戴着宽边草帽、苍蝇眼镜的比基尼美女也是海滩上的一道迷人风景。你可以躺在海滩上发呆晒太阳，任和着淡淡柠檬香的第勒尼安海海风吹拂。

巴哈马群岛 BAHAMAS ISLANDS 087

最美理由 /
　　"千岛之国"巴哈马群岛的美景是全方位、立体化的。上天，俯瞰巴哈马群岛那如珠玑般的岛屿，散布在大海中，绵延100多公里，晶莹剔透，闪闪发光。下地，这里有"世界十大海滩"之一的天堂岛白沙滩、世界上最大的室外水族馆"亚特兰特水景"，享誉世界的著名度假村等。入海，这里有世界上最大的水底溶洞系统、古老的沉船、美丽的珊瑚礁、瑰丽的蓝洞、亮丽的鹦鹉鱼等。这就是巴哈马，乔治·华盛顿迷恋的"永恒的六月岛"，世界上少有的奢华生态度假地。

最美季节 / 四季皆宜（5~9月垂钓时节；12月26日和元旦时詹卡努狂欢节）

最美看点 / 首都拿骚、天堂岛、大巴哈马岛、比米尼群岛、阿巴科岛、安德罗斯岛、伊柳塞拉岛、潮汐蓝洞

最美搜索 / 巴哈马群岛

这里有世界上最清澈的水域和最美丽的沙滩

　　巴哈马群岛由700多个海岛和2400多个岛礁组成，散布在大西洋10万多平方公里的范围内，有世界第三大堡礁之称。这里有世界上最清澈的水域和最美丽的沙滩，其附近海域的珊瑚占世界总量的5%。海盗的传奇，"铁汉"的气质，又为它增添了迷人气息。

首都拿骚

　　拿骚的美在于它汇集了国际都市的繁华、热带海洋的旖旎和古老文明的光芒。市中心的港湾街是条极具沧桑感的街道，这里有英国风格的奢华建筑、构造奇异的木质公寓、古老的城堡、手工雕刻的楼梯、庞贝博物馆分落两旁……一边闲逛，一边欣赏动人的街景。国会广场上有维多利亚女皇雕像，四周建筑涂着粉红色，十分抢眼。店铺里兜售的各类免税名品，又抓住了购物者的心思。

天堂岛

　　有两座桥与拿骚相连。它长6.4公里，宽0.8公里，一直绵延到北部海岸沙滩。这里有世界一流的海滩，是海泳和冲浪的天堂。珊瑚礁和热带鱼又使这里为潜水者所钟情。天堂岛上的"海豚对话"和"机动船探险"是最受游客喜欢的游乐项目。

　　岛上的著名景点有"亚特兰特水景"，占地5.7万平方米，这片水域中有着上百种鱼类，是世界最大的室外水族馆。凡尔赛公园是独一无二的阶梯式花园。这里的14世纪长廊中的一砖一墙都还原了巴黎的杰作。

　　天堂岛是富人享受的天堂。亚特兰蒂斯酒店是一座超豪华型酒店，拥有各种娱乐设施，如同一个主题公园。其中的大西洋赌场是世界最赚钱的赌场之一，散发着挥金如土的味

道。高尔夫锦标赛球场是富豪们聚会的地方。

大巴哈马岛

第四大岛，位于巴哈马群岛最北部地区。岛屿远离都市喧闹，环境安静恬适，如同世外桃源。因此，许多明星在此购置房产，以备度假。黄松树是该岛独有的象征，它巍然独立，发出沁人心脾的清香。岛上有个奇特的"火湖"，每当夜间泛舟，透过点点星光，可以看见船桨激起一朵朵火花，船尾拖着一条长长的"火龙"。就连跃出水面的鱼儿也会泛出微弱的火星。这是因为湖中有大量含有荧光酵素的甲藻，飞溅的水珠使荧光酵素氧化而发出五光十色的"火花"。

大巴哈马岛上保留了许多热带植物群落。兰德自然中心保留了最富生态气息的植物特征和动物群落。卢卡亚国家公园有许多野生动物和植物，茂密的红树林、珍奇的花肚猪、罕见的金刚鹦鹉，向世人展示了一个原生态的世界。

巴哈马群岛是一个潜水的好地方，西奥多沉船成为潜水爱好者的最爱。在"海豚之家"，可以与海豚一起潜泳游戏。

比米尼群岛

这里是垂钓者的天堂，每年 3~9 月是垂钓的好时节。当年海明威曾驾驶皮拉号渔船在此寻鱼，从而获得了灵感，完成了《老人与海》的创作。比米尼岛海岸有一条没入水中的石路，平坦而开阔，人们猜是古代亚特兰蒂斯人创造的，被称为"亚特兰蒂斯之路"。

阿巴科岛

外岛中最发达的岛屿，仍保留着淳朴的原始魅力。这里云集了帆船爱好者，成为全球"帆船运动之都"。岛上的大教堂潜点是一个

著名的蓝洞潜水基地。阿巴科岛的迷人之处还有它那美丽的粉色木板房、原始风味的新英格兰风格村庄。

安德罗斯岛

拿骚岛以西 32 公里，巴哈马最大的岛屿，也是保留原生态最完整的岛屿。岛上自然资源较为丰富，土地、淡水、森林占有量均为巴哈马第一，岛上有许多湿地沼泽。因海盗的传说而变得格外吸引人，又因岛上有种可以阻止邪恶的半人半鸟的动物而被蒙上了神秘感。安德罗斯东海岸还是举世闻名的潜水胜地，它的堤礁群号称"北半球第二""世界第三"。

伊柳塞拉岛

巴哈马群岛中最狭长的岛，长 177 公里，宽仅 1.6 公里。岛上最美之处是华丽的粉白色沙滩，发出柔和的光；幽静的海湾，像一个甜蜜的摇篮；险峻的峭壁、秀丽的港口，这里成为皇家光顾的旅游胜地之一。北部是高耸的悬崖峭壁，中部是农业生产区，南部则是绿荫环绕的村庄，如梦似画。

潮汐蓝洞

巴哈马的蓝洞与众不同之处在于：它们将潮水从这边的洞口吞进，又从另一边的洞口喷出来。著名的小希望湾就有许多这样的蓝洞。众多海底洞穴被陆地包围，潜水者要穿过灌木丛跋涉到潜水地点，洞里有很多古老的钟乳石和石笋很值得一看。

坎昆 CANCUN   **088**

最美理由 /
　　坎昆是世界第七大海滩度假胜地，并以拥有玛雅文化遗址而闻名。坎昆的海边有一片 20 公里长的白色沙滩，铺满了由珊瑚风化而成的细沙，并被赋予了美丽的名字："白沙滩""珍珠滩""海龟滩"和"龙虾滩"。海滩上建有玛雅式凉亭和小屋，以棕榈叶为顶，石为柱，与海景相融，具有浓郁的墨西哥风情。坎昆附近还有诸多古玛雅遗址，图伦遗址是迄今墨西哥保存最好的一座玛雅和托尔特克人的古城。

最美季节 / 6~10 月

最美看点 / 女人岛、伊施卡瑞特生态主题公园、科巴古玛雅古城城址、大金字塔、图伦遗址、坎昆的斗牛

最美搜索 / 墨西哥

坎昆玛雅语意为"挂在彩虹一端的瓦罐"，被认为是欢乐和幸福的象征

　　墨西哥坎昆是加勒比海上一座长 21 公里、宽 400 米的蛇形岛屿。坎昆玛雅语意为"挂在彩虹一端的瓦罐"，被认为是欢乐和幸福的象征。

女人岛

　　距坎昆 11 公里的小岛。历史上，它是玛雅人崇拜月亮女神的圣地，因此有许多女性造像。这里的海滨非常优美：夕阳时分，海浪拍岸，躺在绳编的吊床上晃晃悠悠，徐徐的海风携来丝丝清凉。这里水清，能见度高，温度适宜，是体验潜水的好地方。"发现海豚"是一项引人入胜的活动。饲育员带领游人下水，一吹哨，一只可爱的母海豚就会快速游来。饲育员向游人介绍海豚的身体结构，游人可以与海豚握手、亲吻，甚至共舞。

伊施卡瑞特生态主题公园

坎昆南 100 公里处。曾是古玛雅的重要港口和仪式中心。园内景点颇多，应有尽有：墓地、教堂、玛雅村落、蜂场、鸟园、丛林小道、蝴蝶房、动物园、水族馆……展示了一幅完整的玛雅人生活画卷。这里的地下河可以潜游。地下河是由一系列石灰岩洞构成，又黑又长，水很清凉，水面宽窄不等。两侧是怪石，需摸索前进。

科巴古玛雅古城城址

位于坎昆西南 131 公里处。这座古城分布面积近百平方公里，从 1~15 世纪长期有人居住，居民人数最高时有 5 万余人。科巴现存的主要建筑大多建于 6~10 世纪，有居住区也有墓地和举行仪式的场所。科巴的道路网让人惊叹古玛雅人的建筑水平之高。道路通常宽 4.5 米，高出地面 0.5~2.5 米，由石灰岩筑成，从城市中心区的不同方向辐射出去，最长的一条竟达 100 公里。修这样的道路在当时没有车辆、缺乏役畜的情况下，全靠古玛雅人人工驮运。

大金字塔

尤卡坦半岛最高的金字塔。高 42 米，经千年风雨已显得破败，但不乏威仪。攀登需顺着粗绳，一阶一阶地爬上去。在塔顶放目远眺，茂密的丛林犹如一张巨毯，无限生机。周围尽是木棉树，高度可达 70 米，树冠延伸突展，树根缠结盘错。玛雅人认为，宇宙由天、地和地下三个部分组成，天上 13 层，地下 9 层。木棉树立于世界中心，撑天接地，是生命之树。

图伦遗址

位于尤卡坦半岛东部海岸，距坎昆 130 公里。一面临海，三面设有城墙。墙高 3~5 米，厚 6 米，在西北和西南角各设瞭望塔楼。图伦在当时是重要的商业港口和海陆商道的交会点。它的海岸峭壁断裂而形成了一个小湾，适宜独木舟的停靠。古玛雅人崇拜多神，图伦是一个重要的宗教祭祀场所。城北"风之庙"直到 20 世纪 20 年代仍被当地玛雅人使用。庙前的神龛为船只充当灯塔。"风之庙"许多建筑的墙壁都被涂成红色。主神庙建在一个 7.5 米高的平台上，神庙入口两个石柱上装饰着"有羽之蛇"。入口上方正中的壁龛内有着一尊造型为头朝下、双腿弯曲、长着翅膀的"下降之神"，据说可能是蜜蜂之神，也有说法是落日或雨的象征。壁画神庙位于图伦市中心，是一座两层建筑。神庙西、南两面有廊柱，西北和西南两角饰以神像，部分内外墙布满描绘祭祀场面的壁画。

坎昆的斗牛

位于坎昆城区，为旅游者而设。墨西哥是世界遗留下的三大斗牛地之一。坎昆的斗牛场是一圆形有顶建筑，斗牛表演长年不断，每星期三下午三点半开始，只斗一场。斗牛表演充满了悲怆的意味，它那野性的奔跑、力量的冲撞、顽强的抗争，是"一种悲剧，象征着人与兽之间的争斗"（海明威）。

夏威夷 HAWAII 089

最美理由 /

　　夏威夷是马克·吐温笔下的"宁静胜地，美丽国度"。性感的沙滩、健硕的椰树、闷骚的火山、不羁的美女、精致的美食、浓郁的鸡蛋花香、悦耳的四弦吉他小夜曲、"阿罗哈精神"……夏威夷就是这样一处极富性情的美景，"美好愉悦的感受亘古不变"，让无

数度假客爱而忘返。

最美季节 / 全年皆宜

最美看点 / 瓦胡岛、威基基海滩、钻石山、珍珠港、毛伊岛、考爱岛、威美亚峡谷

最美搜索 / 美国

"美好愉悦的感受亘古不变"，让无数度假客爱而忘返

瓦胡岛

　　瓦胡岛是夏威夷的心脏，有著名的威基基海滩、珍珠港、潜伏胜地恐龙湾、钻石山头、海洋公园、波利尼西亚文化中心等，多元文化交织在一起，散发着浓郁的异国风情。猫王的住宅就坐落在瓦胡岛的一处幽静山坡上，面朝大海，春暖花开。它是座红瓦黄墙的楼房，黑色的铁栅栏门，引无数"猫迷"竞相崇拜。

　　在瓦胡岛流传着一句话：只有想不到的，没有做不到的！喜欢逛街的，这里有大大小小的购物商场；喜欢人文艺术的，这里有各类艺术展馆；喜欢享受的，岛上有 SPA 和沙滩瑜伽；喜欢看热带鱼，科龙湾是好去处。

威基基海滩

　　位于瓦胡岛。海滩上游人如织，有"人肉海滩"之称。从丽晶饭店到亚斯顿威基基海

滨饭店这段，虽然只有三四百米，却是威基基海滩的精华地，椰林遍布，高楼林立，海滩晶亮。威基基海滩的冲浪是真正的"勇敢者的游戏"。杰克·伦敦为此曾满怀激情地写下了《极品运动——去威基基冲浪》一书。威基基的日落非常有名。由于处于热带地区，日落很快，5~10 分钟内太阳就会沉到海里，所以，想要看日落必须提早到海边恭候。看日落可以在海滩边的沙拉吧，或者找简易餐馆的落地窗边。如果是在夏威夷最豪华的五钻餐厅 La Mer 边用餐边看日落，一定要着正装，以显尊贵。

钻石山

在威基基海滩尽头。这是一座已经沉寂了 10 万年的死火山，不过 232 米高，却是俯瞰瓦胡岛的最佳地，可将被日落染红的海水尽收眼底。当年库克船长远远望见闪闪发光的火山结晶，以为有钻石，故得名。

珍珠港

位于檀香山西侧。1941 年 12 月 7 日，日本突袭珍珠港，击沉的 3 万吨级的战舰亚利桑那号，现在港旁边建造了一座白色花岗岩纪念馆。

毛伊岛

"世界上最美岛屿"，一直被公认为是世界上最浪漫的蜜月地，也是闻名全球的"私奔圣地"。夏威夷每年接待的 800 万游客中，就有 30 多万对前来举行婚礼或是度蜜月的爱侣。许多名人在毛伊岛举行婚礼，如比尔·盖茨、卡梅隆·迪亚兹。毛伊岛的美食是夏威夷烹饪最早起源。本地厨师就地取材，鱼、水果、蔬菜经过他们之手就成了一道美味。在古老的拉海纳餐厅吃夏威夷烤猪大餐，还可欣赏精彩的民俗歌舞，内容就是毛伊的餐饮史。

TIPS

📍 地址　位于太平洋中部。

考爱岛

夏威夷诸岛中最古老的岛屿，它以茂密的树林、怒放的鲜花、绵长的银滩而闻名，成为"花园之岛"。考爱岛第 56 号公路经过夏威夷最美丽的风景带，这一线是好莱坞制片人的最爱。沿海岸线，有无数美丽的海滩，风情各异，招徕游人。经典音乐片《南太平洋》中那个与世隔绝的鲁玛海海滩就在考爱岛，它被岩石、悬崖围绕，至今没有变化。南考爱岛得坡伊普区是世界著名的海滩，那里的阳光格外灿烂，天空不可思议得湛蓝。你可以在阳台上听涛声，看浪拍岩石；或者索性甩掉鞋子，在海滩上忘情地奔跑；或者在此享受一场夏威夷阳光馈赠的豪礼——日光浴。威陆亚的利德门公园代表了考爱岛的"阿罗哈精神"。园内有许多适合儿童的游乐设施，还可乘独木舟进入威陆亚河。王子村度假区是极奢主义的代表，有五星级旅馆、绝佳餐馆和全美第一的王子高尔夫球场。从哈纳雷小镇的巴利海咖啡厅可以看到巴利海峭壁，《南太平洋》就曾在此取景，使其世界闻名。

威美亚峡谷

是著名的"太平洋大峡谷"。峡谷长 16 公里，宽和深都是 1.6 公里。这里是夏威夷最有名的自然景观之一。坐在直升机上可欣赏瀑布、海边悬崖、山峦等。

塞班岛 SAIPAN 090

最美理由 /
　　塞班岛是一座喷涌着凤凰花热情的岛屿。绵长的沙滩，美不可测的蓝洞，翠绿的植被，犹如一位守望太平洋的年轻女子，浑身洋溢着夏日风情。用当地土著人的话说："这是未经雕琢的美玉，神将它遗落人间。"然而，这里曾满布战争的疮痍，时过境迁，战争的阴影散去，揭开面纱，又成为一位倾城倾国的美人。

最美季节 / 一年四季（5 月凤凰树开花，更美）

最美看点 / 密克罗海滩、鸟岛、禁断岛、加拉班的夜生活、最好的潜水点蓝洞、军舰岛

最美搜索 / 西太平洋

绵长的沙滩，美不可测的蓝洞，翠绿的植被，犹如一位守望太平洋的年轻女子，浑身洋溢着夏日风情

　　塞班是北马里亚纳群岛的首府，面积 185 平方公里。它坐落于太平洋交通要塞，极有战略意义。满岛遍植凤凰树，开得如火如荼，是一座完美的度假海岛。

密克罗海滩

　　密克罗海滩位于岛西岸，是塞班岛最著名、最受欢迎的海滩。海滩浅浅，沙白柔软，在此从事海水浴惬意至极。海面在阳光下变幻出不同颜色。夕阳西下，与爱侣携手漫步沙滩，欣赏日落这里是最佳处。海滩上的气氛十分热闹，岸上满是帆布躺椅，水中满是戏耍的人群。最美妙的当是享受一番塞班 SPA，让身心得到全面放松，达到天人合一。

鸟岛

　　位于塞班岛，是东海岸最浪漫的岛，恰似一只小鸟栖息在海湾。岛上有百种鸟类栖

息，退潮后是近距离观鸟的好机会。如有机会看到众鸟归巢的景致，感叹是何等壮观！鸟岛看日出时间通常是清晨 5 点，当第一缕阳光照在岛上，整座岛屿会发出闪闪亮光。

禁断岛

位于 Kagman 新区，位置比较偏僻，路况也不是很好，罕有游人。这里的观景台视野非常开阔，海天一色，极目楚天舒。山顶有观景望远镜，据说从这里看海可以真切地感受到地球是圆的。在禁断岛可以清楚地看到这里的火山岩层和珊瑚岩的分界。禁断岛海边有个天然泳池，在此游泳可以与美丽的海洋生物共舞。

加拉班的夜生活

岛上最热闹的地区，夜生活的天堂。这里有丰富的夜生活：美食、酒吧、迪厅、商场……游客在此血拼可以买到较便宜的高档品。这里还是购买旅游纪念品的好地方。

最好的潜水点蓝洞

位于塞班岛东北部。蓝洞是与太平洋相连的天然洞穴。进入海豚嘴巴似的石灰洞，洞中是如猫眼般墨蓝色的海水，能见度极高；洞外则是绚丽的峭壁。潜水者在洞内可以欣赏到许许多多海洋生物和美丽的珊瑚。

军舰岛

"关岛珍珠"军舰岛周长仅 1.5 公里，环岛步行不到半小时，满是浓绿的热带植物，白色沙滩饰边。太平洋战争时，日军以为该岛是一艘军舰，进行了狂轰滥炸，结果发现这艘"军舰"永不沉落。岛上及其海域内还残留着日军的残舰与战机。这里可以进行形形色色的水上活动。乘玻璃底船欣赏海中景致，或者潜水，玩沙滩排球，乘坐热气球、直升机等。

TIPS

📍 **地址**　位于西太平洋北马里亚纳群岛，塞班是北马里亚纳群岛首府。

这是未经雕琢的美玉，神将它遗落人间

马尔代夫 MALDIVES　　　　　　　　　091

最美理由 /

　　马尔代夫本意是"花环"。它是由 26 组自然环礁、1900 个岛屿组成的珊瑚礁岛，素有"宫殿群岛"之称。从天空中俯瞰，只见浩瀚的群岛如"大珠小珠落玉盘"般撒落在印度洋上。由于此间风景殊异，被视为印度洋上"人间最后的伊甸园"。马尔代夫一岛一景，风光旖旎，搭乘多尼船可巡游诸岛。来此间游览，有许多不可错过的风景。

最美季节 / 热带，四季皆可

最美看点 / 巴罗斯岛的潜水海钓、拉古娜岛的珊瑚礁、卡尼岛的蜜月天堂、马米吉利岛的渔村风貌

最美搜索 / 马尔代夫共和国

马尔代夫一岛一景，风光旖旎

　　马尔代夫是印度洋上的一颗明珠，它那天堂般的风景吸引了全球的度假客。在这里，可以与大海做最亲密的交流，深度体会海的美丽。

巴罗斯岛的潜水海钓

　　马尔代夫是全球著名的潜水胜地之一。在这里可以参加专业的潜水培训，课程 3~5 天，取得 PADI 潜水执照，可以做 18~30 米的深潜。就算不深潜，"浮潜"一下也是应该，领略一番"海底总动员"的殊异美景。巴罗斯岛很小，干净而简单。这里是潜水极好之地，水静美，多珊瑚，鱼成群。穿上救生衣和脚蹼，戴上潜水镜，跃入海中，与缤纷的鱼群追逐共舞，在绚丽的珊瑚礁间穿行。那深海的快

鱼方阵、浅海的海底悬崖都让人迷恋忘返。即使没有去潜水，也可以涉足看鱼。这里的海水能见度最多能达 50 米。在清晨阳光的照射下，海底世界的美丽呈镜面反射，美得让你屏住呼吸。马尔代夫盛产鱼类，尤其是大石斑最为著名。你会发现运气好得不可思议，随手都有鱼儿上钩。黄昏海钓自有雅趣，伴着清晨第一缕阳光垂钓更有种超凡之感。

拉古娜岛的珊瑚礁

这个小岛遗世独立，有一种不食人间烟火的美丽，富有浓郁的动画色彩。电影《蓝色珊瑚礁》就是在此拍摄的。它宛若世外桃源，海水颜色从深蓝到浅蓝，由浅蓝到浅绿，好像一幅拿捏得当的水墨画。拉古娜岛就荡漾在海水的潋滟波光里，棕榈的凤尾森森中。由环礁缺口进入该岛的那一刻，你便是踏入了梦幻王国。要知这里的沙滩堪称世界第一：银色接天，沙细如粉，脚踩其上，柔若无骨。这里的饭店从装潢华丽的酒店到海滨度假小屋，都经由整体规划，视觉感强烈而统一。尤其是那海滨度假小屋，设计得贴心到位、精致细腻，既有海洋文明色彩，又给人宾至如归的舒适。

卡尼岛的蜜月天堂

碧海蓝天、白沙环绕、花果飘香……如果你头脑中有这样一幅海景蜜月的图画，来卡尼岛，这无疑是最美丽的现实。卡尼岛被誉为"地球上最后的香格里拉"，除了有绝世海景风光，更有那美不胜收的鲜花，你随便落脚之处就能开出花儿来。这里的海水透明如空气，清澈若明眸，与爱侣躺在银色的沙滩上，坐看浪花拍岸，享受海岛阳光，呼吸海洋特有的气

息，任时间流淌，岁月匆匆，一切凡俗都齐来抛却。夜宿水上屋，在那有三面玻璃窗，抬眼便是海的房间里，甘心做一个海的女儿。

马米吉利岛的渔村风貌

要欣赏渔村风貌，马米吉利岛最好。这里的街道由珊瑚沙铺就，巷弄间由一幢幢灰白相间的石屋分隔。这里的民居大都是珊瑚礁石砌墙，在阳光下泛着特有的白光，房前屋后有高大的椰子树相伴，遮蔽出一方静谧的天地。穿梭在此，与村民照面打招呼，你也会被他们的悠闲自得所感染。

TIPS

📍 **地址** 位于印度洋上印度和斯里兰卡的西南方，首都马累。

拉古娜岛就荡漾在海水的潋滟波光里，棕榈的凤尾森森中

喀拉拉邦 KERALA 092

最美理由 /

　　要窥视印度的精髓，西方乐土喀拉拉邦不容错过。有人说这里有"夏威夷的美丽沙滩、威尼斯的乡里水洞、瑞士壮观的谷沟、非洲的野生动物、西班牙的欢乐嘉年华、北美的瀑布、普吉岛的度假村，还可看到新加坡的赛舟等"。而且，喀拉拉邦古老的文化、宗教、习俗也别具一格，有神秘的瑜伽冥想、优美的卡塔卡利舞蹈、令人捧腹大笑的大象舞……你可以任意选择自己的生活，或欣赏美丽的海滩，或在内陆河里泛舟，或在水稻田边散步，或坐在欧式阁楼里喝咖啡。清晨，印度寺庙里的梵音、清真寺里的祷告声、基督教教堂里的钟声同时响起，和谐共鸣，开启悠闲美妙的一天。

最美季节 / 10 月到春节

最美看点 / 柯沃兰海滩、库马拉孔度假村、水乡、科钦、卡塔卡利舞蹈、帕丽雅野生动物园

最美搜索 / 印度

要窥视印度的精髓，西方乐土喀拉拉邦不容错过

喀拉拉意指"布满椰子的大地"。的确，这里椰林茂密，与碧海金沙构成了迷人的海滩胜景。这里是一个文化包容性很强的地区，也是印度文明程度最高之地，人民安居乐业，生活淳朴，形成南印度一道独具特色的风景线。

TIPS

🔲 **地址** 印度西南部。
🔲 **贴士** 喀拉拉地区盛产香料和水果，其菜肴被誉为烹饪的奇迹。Sadhya、芒果脯、鲜菠萝汁、咸香的黑绿豆米饼、番茄酸辣酱和腌酸橙。

柯沃兰海滩

全印度最美丽海滩。与世界大多数海滩不同的是，这里海滨的美极具淳朴自然的乡土气息。椰林与稻田相映，甘蔗林与橡胶林阡陌纵横，海风中夹带着海腥味儿和各种花木的清香。躺在绳网床上听海，心情会变得格外恬静，人间乐土正是如此。

库马拉孔度假村

这里既有东方色彩的伊斯兰教风格建筑，还有许多欧式临水小楼。许多国际五星酒店都青睐此地。与之形成对比的是，这里的人民保留了世上古老的水上船屋生活方式。游客也可以选择这样的船屋居住。一上船，就有船长献上的茉莉花环，随船附有厨师和英式服务的管家，欧美式、印式和中式的一日三餐都盛在碧绿的蕉叶上，这就是享有盛名的喀拉拉邦风格。度假村屋还有一大特色，就是开放露天的浴室：可以沐浴在星光下清洗一天的凡尘，身边是鸟鸣啁啾，人与自然合二为一。

水乡

喀拉拉邦有44条河流、湖泊和港湾，构成长达900公里的水乡，有"东方威尼斯"之称。这些河流流量不大，大多数日子里都是温顺柔美的。与众不同的是多数河流并不入海，而是在很多地方与海岸线平行，最近的地方不过相隔三五米，构成了河水、海水隔沙丘相望的奇特景象，名曰"回水"。季风到来时，海水就会越过海岸线注入河中。而风过雨起后，河水暴涨，奔海而去。因此，这里诞生了著名的旅游项目"回水泛舟"。搭乘用茅草和竹枝搭成的"米船"，开启南印度的"米船之旅"，体味宁静淡泊的生活。

科钦

喀拉拉邦最美丽的城市，是阿拉伯海海岸上的一个港口，站在码头上经常能看见海豚嬉戏的场景。位于柯钦港西边的"科钦堡"留有许多殖民遗迹，随处可见当年欧洲商人们在此生活的印记。那里林立着融合了葡萄牙、荷兰和英国乡村风格的老建筑，让人仿佛置身于欧陆。位于海滨区的圣法兰西斯教堂是印度最古老的教堂，建于1503年，是葡式风格基督教教堂，外观朴素大方。这里曾存放过第一个到印度的欧洲人——葡萄牙航海家达·伽马的遗骸。每天清晨日出前，镇上居民便聚集在教堂里，光脚站在地上祈祷，教堂上空飘荡着天籁般的歌声。犹太教堂始建于1568年。教堂里铺地的是1000多块中国青花瓷砖，上有中国塔、垂柳、花卉、飞鸟等图案，清新淡雅。这是18世纪中叶荷兰商人重建教堂时特意在中国定做的。科钦具有很强的文化包容性，中国文化在此也留有印记，著名的"中国渔网"

就在科钦入海口的海滩上，已经成为科钦的地标性景物。渔网系在四根长木上，木顶端拢在一起，再被固定在一根更粗大的长木上。利用杠杆原理，只需五六个人便能操作一张渔网。渔网在海边排开，场面壮观。渔人"守株待兔"，每隔几分钟起一次网。在 600 多年前中国渔网传入之前，当地人一直采用独木舟和叉鱼方式捕捞，是中国渔网提高了当地的生产效率。

卡塔卡利舞蹈

泰戈尔曾向世人极力推荐卡塔卡利舞蹈是喀拉拉邦的骄傲，它集舞蹈、戏剧、哑剧、文学于一身，可与西方的芭蕾舞剧相媲美。"卡塔卡利"在印度梵文里的原意是故事之舞。舞蹈强调舞者的眼神流转、手势变化和丰富的表情。该舞叙事性很强，有舞剧的特点。通常表演的是印度两部史诗《摩诃婆罗多》和《罗摩衍那》选段。舞衣上身五颜六色，下身却一律是白布。穿不同服装的人代表不同性格的人，如绿色代表勇敢、神圣，白色的胡子代表着虔诚。卡塔卡利舞演出前先要擂响大鼓，人们点着火把，循声而来。表演不需要舞台，在空地上用芭蕉叶围出一块不大的地方即可，观众席地而坐，通宵观看。

帕丽雅野生动物园

面积 777 平方公里，比新加坡还大。保护区里有约 400 只老虎、近 800 只大象，还有无数的野猪、鹿和水獭等。游客乘船游览 26 公里的人工湖，窥探动物的生活状态。

巴厘岛 BALI

093

最美理由 /
　　赤道线上的巴厘岛以美丽的风景，迷人的文化艺术，岛民独特的生活方式，而被誉为"神仙岛"。全岛大部分为山地，有四五座火山峰，多处海滨浴场。这里水清沙柔，海天湛蓝。岛上有万余座庙宇，又使其成为"宗教之岛"。巴厘人处处以花装饰，使整个岛屿成为"花之岛"。来此度假，可以参加爱之船出海，阿勇河漂流，享受巴厘式 SPA，让身心灵获得全面的放松。而且巴厘人那种随和的处世态度，同样能感染来客。

最美季节 / 4~10 月为干季，适宜登山和参观自然保护区；其余为雨季。

最美看点 / 百沙基陵庙、"文化艺术村"——乌布、海神庙、金巴兰海滩、库塔海滩、木雕村、圣泉庙

最美搜索 / 印度尼西亚

赤道线上的巴厘岛以美丽的风景，迷人的文化艺术，岛民独特的生活方式，而被誉为"神仙岛"

巴厘岛是爪哇以东小巽他群岛中的一个岛屿。岛上有 280 万人口，主要是巴厘人，信奉印度教。在仅 5560 多平方公里的面积上，建有 1.25 万座庙宇，使巴厘岛成为名副其实的"千寺之岛"。巴厘岛不仅有优美的自然风光，其多彩的文化和社会风俗习惯也同样驰名于世。庙宇建筑、雕刻、绘画、音乐、纺织、歌舞使巴厘岛无愧于世界著名的旅游胜地，并享有"南海乐园"的美誉。

百沙基陵庙

陵庙建在"世界的肚脐"海拔 3142 米的阿贡火山山坡上，拥有千年历史。它专祀这座间歇喷发的火山之神。陵庙的层级石雕建筑，类似柬埔寨吴哥窟。

"文化艺术村"——乌布

位于岛中部，是巴厘岛最负盛名的旅游景点，也是绘画中心，博物馆内保存着许多历史文物和巨幅绘画。这里有众多美术馆、寺庙、城堡，狭窄的街道蜿蜒崎岖，空气中荡漾着浓郁的艺术气息，少了几分烟火气。许多来自欧洲的艺术家与当地艺术家混杂在一起，形成一种独特的文化。巴厘的绘画大都是用胶和矿物颜料画在粗麻布或白帆布上，取材于田园风光和人民生活习俗，地方色彩浓郁，别具一格。乌布附近有座千年古洞——象洞，洞深两三米，呈方形，洞内雕有栩栩如生的神像。

海神庙

建于 16 世纪的海神庙是巴厘岛最著名的寺庙之一，它建在海边的一块巨岩上。据说寺庙建成时忽逢巨浪，岌岌可危之际，和尚解下身上腰带抛入海中，即刻化为两条海蛇镇住了

TIPS

> 📍 **地址**　爪哇岛东部，地处赤道，距雅加达 1000 多公里。

风浪。从此海蛇也成为寺庙的守护神。巨岩下方对岸岩壁的小穴中发现几条有毒的海蛇，传说即是此庙的守护神。在对岸的小亭中可眺望日落，成为巴厘岛观日落的一处胜景。最神奇的是，每逢涨潮，寺庙则被海水包裹，与陆地完全隔离。

金巴兰海滩

以美丽的落日、渔人特殊的作业方式而出名。这里的渔人仍采用古老的小木舟出海。在这里欣赏落日，听着悠扬的歌声，就着烛光晚餐，情趣不俗。

库塔海滩

号称巴厘岛最美丽的海滩。这里海滩平坦阔大、沙粒洁白细腻，是个戏水的天堂。而且海滩有个高塔，可以开展蹦极运动。

木雕村

巴厘岛的木雕闻名于世。玛斯是巴厘岛的"木雕之乡"，集中了巴厘岛最优秀的雕刻师。在此可以欣赏到雕刻师现场展示手艺，还有妇女在一旁做细部研磨。木雕作品以印度教神话人物、传统居民的生活为主。

圣泉庙

位于乌布北边，建于 962 年，被圣泉环绕而建庙故名。圣泉庙建筑模宏大，集巴厘岛所有寺庙的特点。1000 多年来，巴厘岛人在此祈求健康和财富。据说这里的泉水颇具疗效。

邦咯岛 PULAU PANGKOR　094

最美理由 /
　　邦咯岛是世界上公认的最美丽的岛屿之一。200万年的热带雨林、世界上最美丽的海滩翡翠湾等自然美景，赋予邦咯岛原始的美，使其成为世界游客追寻的世外桃源。荷兰城堡、中华庙宇、迷你万里长城、马来渔村等多元文化遗迹，又为小岛营造出浓浓的人文氛围。著名的绿中海度假又是一个极为华美的所在，站在海中浮脚楼别墅的露台上，听海水拍打着浮脚楼支架发出的声响，小岛美景尽收眼底。难怪帕瓦罗蒂要用歌声赞美："当我看到这片由上帝所给予的美丽天堂时，我几乎喜极而泣！"

最美季节 / 四季，赏海龟在 5~7 月

最美看点 / 绿中海、默加海滩、直落尼巴湾、幸福岛、马来渔村、荷兰城堡、福临宫

最美搜索 / 马来西亚

坐在沙滩上吃着新鲜美味烤海鲜，喝着冰爽的椰汁，会觉得最美的生活即是如此

　　邦咯岛位于红土坎对岸，是一个渔村小岛，是九座小岛组成的群岛中最大的一座。它是马来西亚开发最早的岛屿，却又保持着完好的原始特色，将捕鱼、度假集于一身。

绿中海

　　它是马来的五星级海岛，拥有世界十大著名沙滩之一的翡翠湾。此处水清沙细，滩白细腻，海水湛蓝，是一个充满幸福的海角乐

园。岛上有148栋马来西亚样式的海边豪华别墅和8个超豪华的热带雨林式大庄园，依托自然原始，绿意盎然。Pangkor Laut Resort是岛上的唯一五星级酒店，隐匿在灌木和热带雨林当中。酒店豪华的住房就坐落在沿海架起的高高木质浮脚楼别墅中。这里深得情侣的欢心，也是"世界十大最佳蜜月岛"之一。来此小岛，荣辱皆忘脑后，就连马来西亚皇族和国际大牌明星都爱来此度假。

默加海滩

岛上最大且最受欢迎的海滩，进行沙滩浴的好地方。这里的沙滩极美，沙子尤为细腻，可以顺指缝溜走。白沙与碧水相映成趣，在阳光下极为养眼。在温暖阳光的抚慰下，躺在柔软的沙滩上，凝视着清澈的海水，随着摇曳的棕榈树影，进入甜美的梦乡。这是浮生中难得的惬意！最美莫过夕阳时刻，坐在沙滩上吃着新鲜美味烤海鲜，喝着冰爽的椰汁，会觉得最美的生活即是如此！每年5~7月，有成千上万的海龟来沙滩产卵，有幸看到勿要惊扰。

直落尼巴湾

在邦咯岛众多环境清幽，海水晶亮，适宜潜水的海湾中，以这里最美。湾内有壮美华丽的海洋生态：庞大的珊瑚礁、色彩斑斓的海葵、《海底总动员》中可爱的小丑鱼……潜入海里仿佛走进画中一般。

TIPS

📍 **地址** 马来西亚霹雳州西海岸。

幸福岛

位于默加海滩对岸，是邦咯岛的招牌美景。岛上宁静安逸，犹如世外。小岛上的五星级度假村，沿海架起高高的浮脚楼别墅。住在这里，可以倾听海水在浮脚楼下拍打，可以感受海风在面颊上的亲吻。

马来渔村

渔村浮脚楼连绵数百座，最美时是在万家灯火时分。游客在渔村小憩，可以品味海鲜，体验渔家生活的闲适。另外，九屿水域鱼产量丰盛，是垂钓者的天堂。

荷兰城堡

荷兰人建此用来抵抗海盗和当地马来族的侵略和攻击。300年来城堡久经岁月冲刷，只剩下断壁残垣，令人发思古之幽情。

福临宫

邦咯岛2.2万的居民中，多半是华人，因此有不少中式建筑。福临宫庙宇香火极盛，这里有面神奇的"牛皮大鼓"，据说可以长出牛毛，被岛民奉为宝物。福临宫还有一个"迷你万里长城"。另一侧超大的半人脸画岩石也很有特色。

利浪岛（热浪岛）PULAU REDANG 095

最美理由 /

　　热浪岛是马来西亚最美丽的海岛之一，从空中鸟瞰，呈心形，被昵称为"海洋之心"。这里的海水绿如翠，沙滩白如银，天高水清鱼欢。海洋公园的珊瑚礁是马来半岛海洋公园之冠，被马来西亚政府列为保护区。这里也是潜水天堂，触手可及五彩鱼群和活珊瑚，感受海底世界的奇幻之美。么么茶海滩小巧而美丽，因电影而声名大噪。周边的棉花岛、平安岛、停泊岛等，各具特色，让你获得一种与世隔绝的乐趣，值得一游。

最美季节 / 4 ~ 10 月（11 月~次年 2 月封岛）

最美看点 / 海洋公园、么么茶海滩、兰道阿邦海滩、停泊岛、棉花岛

最美搜索 / 马来西亚

这里的海水绿如翠，沙滩白如银，天高水清鱼欢

　　马来西亚有绵延 4800 公里的海岸线，以美丽的岛屿及海滩而闻名世界。热浪岛是丁加奴外海群岛中最大的一座岛屿，长约 7 公里，宽约 2 公里，被称为南中国海海域的"阳光天堂"，它由大小 7 个小岛组成。这里闪闪发光的沙滩、缤纷多彩的珊瑚礁、丰富的海洋生物，为热浪岛增添了迷人的魅力。当年马楚成拍摄《夏日么么茶》时说："如果找不到世界上最美的海岛，我是不会开机的。"这句话使热浪岛一举成名。至今，影片中那栋粉红色建

筑物、浮潜区旁长着两棵椰子树的小岛，都成为热浪岛的看景地。

海洋公园

这里有 500 种活珊瑚，1000 多种双壳类生物，上千种无脊椎动物，3000 种鱼类，包括罕有的蝠鲼、魔鬼鱼等，鲨鱼、鲸也不时可见。这里也是闻名世界的浮潜胜地。海水澄净能见度达到 35 英尺，不用出海，走到白沙滩下，就可以看到缤纷的珊瑚礁生态。而且海面风平浪静，游泳很舒服。

么么茶海滩

在彩色小屋原址上又建了一间红绿相间的房子——More More Tea Inn。一楼是礼品店，二楼是 BAR，门前立着任贤齐、阿牛、品冠三个人形牌子。小屋边的沙滩美丽迷人，绵软如糖，椰林摇曳，让人迫不及待地要投入大海的怀抱。海滩的人气极旺，夜幕降临后，沙滩椅子满是聊天纳凉的人。夜里看海可见海边有一种会发光的小生物。它们生长在礁石下，蚂蚁般大小，当水面受到扰动，就会发出萤火虫一样的蓝色荧光，当地人称为"蓝砂"。只需搬开几颗礁石，就会看到几只熠熠发光的蓝砂，天越黑，越看得到。

兰道阿邦海滩

这是世界上最适合海龟产卵的地方之一。

TIPS

📍 **地址** 　位于丁加奴州海岸外 45 公里处。

每年 5 ~ 9 月是海龟产卵的高峰时节，数以千万计的海龟趁着夜色，浮出海面，在沙滩上寻找产卵地点。这里的海龟以杨桃龟居多，杨桃龟身长超过 2.5 米，有的体重超过 375 公斤，只见如此庞然大物慢慢悠悠地爬上岸来，悉心寻找龟宝宝的安乐窝，情景煞是可笑。观测海龟产卵要在半夜进行，游客要静静观看，不可惊扰。

停泊岛

处于热浪岛海洋公园边缘，由大、小停泊岛组成。全岛覆盖着原始森林，沙滩呈白色齑粉。这里是渔民、候鸟的庇护所。其珊瑚礁环抱的清澈海水，是潜水观赏海底美景的好去处。可环岛巡游，或租用船只到小海湾去游泳，也可以乘风破浪或驾驶独木舟。

棉花岛

距离玛朗海岸约 6 公里处，是一个僻静之所，它以洁净的海水、细白的沙滩、摇曳的棕榈树而著称于世。这里也聚生着众多硬体珊瑚与软体珊瑚。该岛气氛悠闲，让人浑然忘乎世外。

大堡礁 GREAT BARRIER REEF　　　096

最美理由 /

　　世界文化遗产大堡礁是世界上最大、最长的珊瑚礁群，被视为世界七大自然奇迹之一。大堡礁由多个独立的珊瑚礁组成，面积相当于一个英国。这个杰作出自于直径只有几毫米的珊瑚虫，它们常年累月分泌石灰质骨骼，堆积而成。因而，这里也是完善的海洋生态体系。从不同角度，利用不同方式欣赏大堡礁，它如一条上帝赐予的项链撒落在浩瀚的大海中，给人带来美妙的视觉盛宴。大堡礁海洋生物丰富多样，有1500 多种鱼类，此间潜水被世界公认为最佳。

最美季节 / 四季皆可

最美看点 / 地球上最美的"装饰品"珊瑚礁、"热带首都"凯恩斯市、"热带岛屿天堂"绿岛、大堡礁潜水胜地

最美搜索 / 澳大利亚

最受人喜爱的是"心形珊瑚礁"，俯瞰正是一颗心的形状，造化神工

　　大堡礁是澳大利亚人最引以为豪的天然景观。全长 2000 多公里，总面积达 8 万平方公里，由 400 多种绚丽多彩的珊瑚组成，水域共约有大小岛屿 600 多个，一部分淹没在海中的山脉顶峰。堡礁大部分没入水中，只有在低潮时略微露出顶部。俯瞰礁岛，若隐若现的礁顶如鲜花怒放在碧波万顷的大海上。

地球上最美的"装饰品"珊瑚礁

　　大堡礁有 350 多种珊瑚，千姿百态，色彩纷呈。微小的难以用肉眼看到，庞大的又可达 2 米。珊瑚有的如扇面展开，有的如长鞭入海，有的呈半球显现，有的似鹿角，有的如蘑

菇，不一而足。珊瑚颜色也是异常艳丽，淡粉、玫瑰红、鲜黄、蓝绿相间；珊瑚水域的颜色也是从白、青到蓝靛，煞是好看。最受人喜爱的是"心形珊瑚礁"，俯瞰正是一颗心的形状，造化神工。大堡礁的另一奇观常出现在春季的夜晚。不知受何种化学物质或光线的诱发，所有珊瑚虫会一齐放出一片片橙、红、蓝、绿色的卵子和精子，漂浮到水面，使海水颜色多姿多彩。

"热带首都"凯恩斯市

凯恩斯是一个舒服友善的观光城市，是世界最长的公路国道1号的起点。城市四周满布热带雨林，它是去大堡礁的门户，两翼是绵延26公里的银色沙滩，罕见高楼。行走在小小的凯恩斯市区，可以步行到任何想去的地方。市区最繁华处就是沿海一带，遍布高档酒店。最有趣的是乘坐水陆两用吉普车穿越热带雨林。一路上时而可见猴子的身影。

"热带岛屿天堂"绿岛

绿岛是世界著名的、田园诗般美丽的珊瑚礁岛，离凯恩斯海岸仅28公里，在大堡礁内。岛上水清沙柔、椰风海韵，是深受度假客喜爱之地。在这里，可以去绿岛国家公园探索郁郁葱葱的热带雨林，喜欢宁静的话，就将自己彻彻底底地放松在沙滩上。

大堡礁潜水胜地

大堡礁最美的一面在海水中，因此，来

TIPS

📍 **地址** 澳大利亚昆士兰州东部，距离布里斯班1100公里，距离凯恩斯600公里。

📍 **贴士** 克里奥餐和东南亚饮食相似，食物原汁原味，也有辛辣刺激。尝塞舌尔辣椒是需要胆量的。龙虾、石斑鱼很有名，价格低廉。一顿正餐在15~20美元，泉水1.5美元/瓶。

大堡礁饱眼福不可错过潜水（浮潜）。热带海洋的海水能见度很高，周围是一片浅灰绿色。下潜近30米深处，繁茂的珊瑚伸出长长的触手欢迎你的到来，种类极多的鱼儿邀你共舞。这里完全是一幅《海底总动员》的真实情景。

它如一条上帝赐予的项链撒落在浩瀚的大海中，给人带来美妙的视觉盛宴

塔希提岛（大溪地）TAHITI　　　097

最美理由 /

　　大溪地是"海上仙岛""最接近上帝的地方"。大溪地人称自己为"上帝的人"，享受着上帝赐予的一切，愉快地生活。在这个混合了波利尼西亚原始和法国优雅的岛屿上，散发着栀子花的芳香，飘荡着南太平洋的海风。多层次色泽的海水、美丽的珊瑚礁与热带鱼、晃眼的大溪地女郎，这一切都是天堂的元素。

最著名的是波拉波拉岛，被誉为"太平洋明珠"。大溪地以它摄人心魄的浪漫与纯净征服了度假客的心，也是新婚蜜月胜地。

最美季节 / 4~10 月

最美看点 / 茉莉亚岛、波拉波拉岛、蓝色潟湖

最美搜索 / 法属波利尼西亚

在这个混合了波利尼西亚原始和法国优雅的岛屿上，散发着栀子花的芳香，飘荡着南太平洋的海风

　　大溪地是法属波利尼西亚五大群岛中最大的岛，由大小溪地两岛组成，总面积 1000 平方公里。它如美人鱼般横卧于浩瀚的太平洋上，鱼头鱼身被称为"大大溪地"，鱼尾叫"小大溪地"。

茉莉亚岛

　　这里的活动不胜枚举：可以和海豚游泳，可以乘吉普车深入丛林去探险，可以在著名设计师尼克劳斯设计的高尔夫球场挥杆，还有滑水、风帆、波士顿捕鲸船、冲浪等刺激有趣的活动。在 Tiki 村落（波利尼西亚文化村）可以了解波利尼西亚的历史与神话。在茉莉亚岛上的公共市集可以挑选纪念品。

波拉波拉岛

　　从茉莉亚岛乘小飞机 5 分钟抵达。这里被称为"最性感的小岛"。海水在太阳照耀下，

放射出绚丽的光芒，出现不同层次的湛蓝。海岸上茂盛的椰树林立，赤道微风拂过，叶片亲吻水面。雪白的沙滩细致柔软，白色遮阳伞装点在此，伞下是身材惹火的比基尼女郎。海水、海风、海滩、椰树、美女，这在波拉波拉都是寻常可见的景观。乘坐玻璃底的小船，观赏海底的珊瑚礁和珍奇鱼群，这是饱览大海的独特方式。这里的水相当清澈，船行水面，如同进入水晶殿堂。如此完美胜地，难怪西方浪漫求婚的代名词就是："与我一起前往波拉波拉吧！"

波拉波拉最著名的活动是喂鲨鱼和魔鬼鱼，玩的就是心跳。小船载游人来到海水很浅的区域，人可以直接站在水中。很快就有很多魔鬼鱼游过来，游人可以和魔鬼鱼戏耍一番。等到喂鲨鱼的时候，由船长用一条绳子把游人隔开，拿出预备好的小鱼分别丢入海水中吸引鲨鱼，然后在船长和救生员的帮助下游人跳下海。此时已是鲨鱼逼近，跳海需要相当大的勇气。

在波拉波拉岛有许多享受之处，让你体验生活居然能如此美妙！居住在水上屋，每天醒来，一对大溪地男女划着当地特有的独木

舟，来到你面前，送上独木舟早餐。那散发着浓郁香气的咖啡、烤得金黄的吐司、丰富的南太平洋水果，相信这一定是你毕生记忆的早餐。岛上的血腥玛丽餐厅是全南太平洋最知名的餐厅。Matira 海滩是全岛唯一可以自由进入的公共海滩。岛上还散布着许多史前奇石，造型各异，每块石头都有着不可思议的故事。

蓝色潟湖

位于波拉波拉岛上。这里是世界级潜水点之一。岛上有五家较具规模的潜水中心，有些饭店或度假村也提供潜水服务。终年清澈温暖的海水、无与伦比的珊瑚礁群、五彩缤纷的热带鱼环游其间，构成了潜水的天堂。跃入水中就能观赏到 500 种以上的海底生物，要是乘船出海到较深的海域，那里有巨大的彩色珊瑚、全世界体形最大的虹鱼。若是赶上每年 8~10 月底座头鲸迁徙季节，也许还能与座头鲸共舞呢。

大溪地是"海上仙岛""最接近上帝的地方"

斐济 FIJI

098

最美理由 /

　　斐济有地球上最大的硬珊瑚礁。被潜水者称为"最接近天堂的地方"。斐济的美在于它五颜六色的海，仿佛是沙子、珊瑚、礁石、五彩的鱼群组成的调色板。居高临下欣赏，海水与白色的沙滩、翠绿的棕榈树交织成一片醉人的风景。岛屿被环状珊瑚礁包围着，是鱼儿的天堂。斐济还有独特而神秘的民族风情，男人戴花穿裙子不是稀奇事。

最美季节 / 四季皆宜

最美看点 / 软珊瑚万花筒、凯撒岩、珊瑚花园、达速 2 号沉船、沙鳗花园、"花园之岛"塔妙尼岛、名流蜜月地瓦卡亚岛

最美搜索 / 斐济群岛共和国

斐济的美在于它五颜六色的海，仿佛是沙子、珊瑚、礁石、五彩的鱼群组成的调色板

斐济位于西南太平洋中心，是南太平洋地区的交通枢纽。它地跨东、西半球，180°经线贯穿其中，因而成为世界上既是最东又是最西的国家。斐济有 300 多个群岛，散布在南太平洋上，组成一个倒 U 形，仿佛散落的珍珠，闪烁着灿烂的光芒。群岛中的岛屿有珊瑚岛、石灰石岛和火山岛三类，大部分仍保持着原始生态。沿群岛西侧有长达 500 公里的美丽珊瑚礁。

软珊瑚万花筒

位于贝卡环礁的西北区。这里的软珊瑚有橘色、紫色、白色、红色、绿色等，色彩让人炫目。彩色海百合能让"万花筒"产生爆炸感。

凯撒岩

"太平洋潜水员之渴望"的凯撒岩，头戴华贵的珊瑚帽，每一个隧道和洞穴里都垂挂着软珊瑚，红黄紫和西洋栗色有如展开的彩虹。蝙蝠鱼群、参鱼和银身洄游鱼，从潜水者身边穿过。

珊瑚花园

这里是贝卡环礁珊瑚和热带鱼展览区。热带鱼居住在珊瑚天然的保护伞下，小丑鱼、雀鲷、蝴蝶鱼、天使鱼、火鱼等叫不出名字的鱼儿，在一株株的火珊瑚、鹿角珊瑚和香菇珊瑚中嬉戏。

达速 2 号沉船

这是为了造景而特意做的沉船景观。一艘 200 吨的台湾遗弃渔船下沉在潜水点"亚奴卡浅滩"旁 25 米下的白沙上。15 年光阴过去了，船身内外已覆盖上了海底生物。资深潜水员可以进入船舱。

⊙ **地址** 位于西南太平洋中心。首都苏瓦。

⊙ **贴士** 斐济是自由港，免税店特别多。可在有斐济政府观光局标记的免税商店选购。

沙鳗花园

这是片约 20 米的沙地，有成群结队的圆鳗。在此潜水，可以见到南太平洋特有藻类、淡粉橘色的苔藓类、倒吊软珊瑚及线条分明的巨型海扇，这些都会让人惊艳。

"花园之岛"塔妙尼岛

千禧年的第一道曙光最早照射的地方。这里是 180°国际日期变更线穿过的地方。线以左地区比格林尼治标准时间早 12 小时，右边则晚 12 小时。游客在此等于站在了昨天与今天的交界点上，迎接全世界最早升起的太阳。

名流蜜月地瓦卡亚岛

斐济是全球最佳蜜月地之一，而瓦卡亚岛更是许多名流的度假首选。比尔·盖茨就是将这里作为自己蜜月的最后一站。瓦卡亚岛是一次仅接待 20 人的私人度假胜地。岛上有 9 间木屋，木屋的四周环绕着宽敞的阳台和热带特色的花园，每个木屋的前面都有属于自己的一片海滩。还有一个面积达 1115 平方米的豪华别墅。这里是地球最偏僻、最精致的角落，有世外桃源般的安静。小岛被一群珊瑚礁所包裹着，岛上有蓝色的潟湖、洁净的白沙滩、玳瑁和太平洋绿海龟、繁茂的如同树木的花朵、雄伟壮观的悬崖峭壁、多样的地形和茂密的森林。它以田园诗般的形式，展现了一个南太平洋的缩影。

复活节岛 CHILE EASTER ISLAND　　　099

最美理由 /

复活节岛远离大陆，是地球上最孤独的岛屿。它以 600 余个巨大的石像而闻名世界。这些石像最早的可追溯到公元 700 年前。石像制作粗糙，长脸、凹鼻、下颌突出，头戴红色圆柱形头冠。一般高 3~6 米，头冠重 2~10 吨。石像神态庄严中透出几分神秘，是复活节岛独有的文化特征。至于它的起源、建造、搬运以及象征意义，仍是个谜，有人说是外星人的杰作。阿纳凯是全岛最富魅力的景点，七尊石头人矗立在金色的沙滩上，若有所思地凝视着海面。每年海鸥飞来之时，是岛上土著人的"鸟人节"，它的奇异风情又让游人痴迷忘返。

最美季节 / 12 月~次年 2 月（2 月份有"鸟人节"）
最美看点 / 石头人像、阿纳凯、"鸟人节"
最美搜索 / 智利

石像神态庄严中透出几分神秘，是复活节岛独有的文化特征

复活节岛位于东太平洋，离它最近的岛屿也要相隔 1900 公里，因此，它是地球上最孤独的岛屿。岛上的居民称它为"世界的肚脐"。这个岛屿面积 117 平方公里，由三座死火山熔岩构成。1722 年 4 月 5 日，荷兰人罗赫芬发现并登上该岛，那天正是复活节，因而得名。岛上土著属于波利尼西亚人，能歌善舞，热情好客，为来宾献上花环，女子则会

跳起优美的羽裙舞，使小岛充满了浓浓的异国风情。

石头人像

复活节岛神秘的石头人雕像有的卧于山野荒坡，有的躺倒在海边。它以火山凝灰岩为材料，成组地矗立在石砌平台上，面向大海，像大海的守护神般凝重。岛上共有 300 多个石基平台，碎石组成的平台高出地面 3.6 米，其中最大的石基上并列着 15 座雕像。这些雕像线条粗犷，个头巨大，最大的高 11.5 米，重82 吨，仅头冠就有 11 吨重。当地人称其为"莫埃"。"莫埃"造型生动有趣，面色黝黑，高鼻深眼，长耳翘唇，双手放于肚子上，无腿，架势很有派头。有些还用贝壳镶嵌成眼睛，炯炯有神。不少"莫埃"的背部刻有表示文身的记号。

阿纳凯

位于复活节岛北部。这里有金色的沙滩、湛蓝的大海、黑色的礁石，岸上棕榈茂盛。度假客漫步此间，享受日光的抚慰。或者聆听海浪拍打礁石发出的巨响。在此屹立的七尊"莫埃"，是岛上保存最完好的石像，据说是一个毛利巫师的七个儿子，他们等待着欧图·玛图阿王的到来。特雷瓦卡山顶海拔 507 米，是全岛最高点。登顶眺望，大小火山、"莫埃"尽收眼底。傍晚时分，可以在此观日落，欣赏夕阳映衬下"莫埃"威武的身影。

TIPS

📍 **地址**　*东太平洋，东距智利西岸 3700 多公里。*

"鸟人节"

岛上最大的传统节日。每年春天岛民齐聚奥龙戈火山顶，选举自己的首领"鸟人"。这个"鸟人"将成为当年里岛民供奉的神明。"鸟人"的选举是由每个部落推选一名选手顺崖下海，游到 2 公里外的大礁石上寻找鸟蛋。谁第一个将鸟蛋交给自己的酋长，这个酋长便成为当年的"鸟人"。整个仪式包括神圣的祭典、多彩的化装表演等，风俗奇异。

面向大海，像大海的守护神般凝重

英属维尔京群岛 BRITISH VIRGIN ISLANDS　　**100**

最美理由 /
英属维尔京群岛是世界上最美丽的、保护最完好的海域之一。它由 45 个岛屿组成，整个群岛如一弯新月，将加勒比海和大西洋隔开。岛上最美的是它毫无矫饰的自然风光，白沙、碧水、珊瑚化石、巨穴、海底沉船、长悬崖、热带丛林、高山峡谷……一年中有

规律的信风持续吹拂，非常适合帆船运动，海面上总能见点点白帆，使航行成为一种极度的享受。
最美季节 / 7~9 月
最美看点 / 托托拉岛、维尔京戈尔达岛、阿内加达岛、约斯特·范·大克岛
最美搜索 / 英属维尔京群岛

岛上最美的是它毫无矫饰的自然风光，白沙、碧水、珊瑚化石、巨穴、海底沉船、长悬崖、热带丛林、高山峡谷

　　维尔京群岛的名字是哥伦布为纪念圣女厄休拉及其一同殉道的 1.1 万名圣女（virgin）所起的。维尔京群岛之旅是一场与大自然亲密接触的行程。那如水晶般透明的海域，适宜的水温，永远纯净的白沙滩，从未被污染的植被、清新的空气、丰美的鱼儿……这里有全球

最庞大的船只租赁队伍，可以找到任何理想的船只。一年当中，这里有很多赛舟会：4 月的春季赛舟会，9 月的狐狸吧木舟赛舟会和帆板运动等，让你的假日变得完美无瑕。

托托拉岛

　　群岛中最大的岛屿，维尔京群岛的入口，

从这里通达其他岛屿都很方便。粉状白沙滩、郁郁青山、遍布游艇的港口，这些是托托拉岛的基本特征。塞奇山是岛上最高峰，为保护古代丛林特别建了国家公园。O'Neal植物园占地160公顷，布满了种类繁多的典型植被和花卉。岛上有许多久远的历史遗迹：地牢、乔治堡、里卡沃理堡、大风车山，还有那仍在运作之中的阔尔伍德朗姆酒酿酒厂。值得一游的是罗德城，火红的窄屋顶、木墙和砖石，是这里最典型的房屋，城中的英属维京群岛民俗博物馆会告诉你托托拉岛的历史。你可以悠闲地逛小餐馆、酒吧和商店，了解小城故事，感受小城风情。

维尔京戈尔达岛

群岛的第二大岛，面积为22平方公里。它胖胖的体态，让哥伦布为它取了个有趣的名字"胖处女"。其重镇是西班牙城以及它的旅游港。它的自然景观纯粹而美丽：Baths海岸上分布着冰碛人像，异常壮观。还有那由巨大的花岗岩创造出的神秘洞穴和盐水池，同样引人入胜。岛上还有许多游乐的地方：位于北部海峡的终结痛苦游艇俱乐部是一个只有水路通达的地方。这里的海滩可能一个人都没有，你可以奢侈地侵吞一大片海，体验一把鲁滨孙的感觉。如萨凡纳海湾、庞德海湾、戴维尔海湾、马宏海湾和春季海湾。喜欢人文古迹，维尔京戈尔达岛上的非洲和印度文化遗产可以大大满足你的探奇之心。小堡森林公园里保存着西班牙古堡遗迹，见证了历史的沧桑。岛屿西南端的康沃尔铜矿区保存的是19世纪中叶荒废的旧矿场，带着英国文化的痕迹。此外，岛

上还有美味的食物等待着你。

阿内加达岛

群岛唯一一个环状珊瑚礁，与众不同。整个岛屿由马蹄礁所环绕，是加勒比海东部的第三大连续性珊瑚礁，全长63公里，包括补丁礁和堤礁。最高点距海平面仅8米，是加勒比海最特殊的地方。这座岛屿就是一座自然保护区，随处可见美洲蜥蜴、野山羊、苍鹭、鹗、火烈鸟……一派生机勃勃，原始自然的图景。这里的野生环岛珊瑚礁几个世纪以来，导致了300多起沉船事件，打捞出来的物品当中有大炮、步枪子弹和轮船船骨陈列在阿内加达博物馆里。潜水于此，有机会看到长满珊瑚与海莲花的船只残骸。在岛上主镇周围的石墙上，雕刻着岛屿的历史。古老的贝壳埋葬式土丘证实了1000年以前定居在此的阿拉瓦人。在这里还可以听到关于海盗、沉船和仍未被发现的黄金宝藏的传说，引人入胜，让假日又增添了魔幻色彩。

约斯特·范·大克岛

岛上崎岖不平的地势，曾让有位荷兰海盗将这里作为藏身之地。这里有经典的西印度佳肴，还可以在泡泡池里做水疗，享受自然盐水温泉带给你的神奇美容功效。

责任编辑： 王欣艳
文字作者： 王彬彬　刘樱姝
图片作者： 全景图片、黄橙、CFP 图片、阿文、达雅、刘樱姝、Lee、
　　　　　 TPG、dreamstime
装帧设计： 何　睦
责任印制： 闫立中

图书在版编目（CIP）数据

全球最美 100 个地方 /《图行世界》编辑部编著 . --
3 版 . -- 北京：中国旅游出版社，2017.1（2022.1重印）
（图行世界）
ISBN 978-7-5032-5699-8

Ⅰ . ①全… Ⅱ . ①图… Ⅲ . ①旅游指南 – 世界 Ⅳ .
① K919

中国版本图书馆 CIP 数据核字 (2016) 第 253170 号

书　　名： 全球最美 100 个地方

作　　者： 《图行世界》编辑部编著
出版发行： 中国旅游出版社
　　　　　 （北京静安东里6号　　邮编:100028）
　　　　　 http://www.cttp.net.cn　Email:cttp@mct.gov.cn
　　　　　 营销中心电话 010–57377108
经　　销： 全国各地新华书店
排　　版： 北京中文天地文化艺术有限公司
印　　刷： 三河市同力彩印有限公司
版　　次： 2017 年 1 月第 3 版　 2022年1月第2次印刷
开　　本： 787 毫米 × 1092 毫米　 1/16
印　　张： 13.75
字　　数： 187 千字
定　　价： 59.00 元

I S B N： 978-7-5032-5699-8